Prácticas y didácticas del japonés en el ámbito hispánico

Editado por
Kyoko Ito–Morales
Sayaka Kato

Prácticas y didácticas del japonés en el ámbito hispánico

Editado por
Kyoko Ito–Morales
Sayaka Kato

COMMON
GROUND

First published in 2023
as part of the *Sello Editorial de Aprendizaje*
doi: 10.18848/978-0-949313-89-8/CGP (Full Book)

Common Ground Research Networks
2001 South First Street, Suite 202
University of Illinois Research Park
Champaign, IL
61820

Library of Congress Cataloging-in-Publication Data

Names: Ito-Morales, Kyoko, editor. | Kato, Sayaka, editor.
Title: Prácticas y didácticas del japonés en el ámbito hispánico /
    editado por Kyoko Ito-Morales, Sayaka Kato.
Description: Champaign, IL: Common Ground Research Networks, 2023. |
    Includes bibliographical references. | Summary: "Although the Japanese
    language is only used in the Japanese archipelago in the Far East,
    Japanese is enjoying a boom in celebrity thanks to the expansion of
    traditional and popular culture, and the economic sectors that support
    these Japanese cultural products. Likewise, the increase in
    international marriages points to a new path in the teaching of Japanese
    for Japanese descendants. That is why establishing a rigid training with
    the quality of Japanese teachers is an urgent and necessary
    responsibility. However, although there is a relatively extensive amount
    of literature on teaching Japanese in Japanese or in English,
    unfortunately, the available references in Spanish are still few and far
    between. To respond to such current situation, as a new and challenging
    initiative, this book aims to offer the fruits of studies and research
    in Spanish"-- Provided by publisher.
Identifiers: LCCN 2022009580 (print) | LCCN 2022009581 (ebook) | ISBN
    9780949313874 (hardback) | ISBN 9780949313881 (paperback) | ISBN
    9780949313898 (pdf)
Subjects: LCSH: Japanese language--Study and teaching--Spain. | Japanese
    language--Study and teaching--Spanish speakers. | Heritage language
    speakers--Education. | LCGFT: Essays.
Classification: LCC PL520.S63 P73 2022 (print) | LCC PL520.S63 (ebook) |
    DDC 495.680071/046--dc23/eng/20220324
LC record available at https://lccn.loc.gov/2022009580
LC ebook record available at https://lccn.loc.gov/2022009581

Cover Photo Credit: Phillip Kalantzis-Cope

Índice

Agradecimientos i

Autores iii

Introducción.. 1
Enseñar japonés en el contexto español
    Kyoko Ito–Morales, Universidad de Granada &
    Sayaka Kato, Universidad de Salamanca

    PARTE 1
    Enseñanza de japonés como lengua extranjera

Capítulo 1 15
*Préstamos lingüísticos en un contexto plurilingüe y pluricultural: Un
análisis del uso del japonesismo en la narración de vida y en la docencia
práctica.*
    *Yuko Suzuki, Universidad de Complutense de Madrid y
    Universidad Autónoma de Madrid*

Capítulo 2 33
*Actitudes sobre el aprendizaje autónomo en el aula de japonés:
propuesta de desarrollo y aplicaciones para la traducción*
    Daniel Ruiz Martínez, Universidad de Salamanca

Capítulo 3 49
La enseñanza del japonés en el pluriculturalismo: Integración de cultura en el aula
    Emi Takamori, Universidad Autónoma de Madrid

Capítulo 4 63
Implementación de la metodología Flipped Classroom en el Centro de Idiomas de la Universidad de Valladolid: Análisis del proceso de aprendizaje de los alumnos españoles
    Mayumi Tsukada, Universidad de Salamanca

Capítulo 5 79
La poesía japonesa y la promoción de la comprensión personal intercultural
    Minako Takahashi, Universidad de Santiago de Compostela

    PARTE 2
    Enseñanza de japonés como lengua de herencia

Capítulo 6 97
Notas prácticas sobre la enseñanza del japonés como lengua de herencia para preparar estancias en un colegio japonés
    Hiromi Nakanishi, Universidad de Salamanca

Capítulo 7 119
Impacto de las actividades de lengua japonesa heredada como patrimonio cultural: Investigación en Salamanca
    Masako Kubo, Universidad de Salamanca

Agradecimientos

El presente libro es el primer paso del Proyecto de Difusión de Conocimientos, organizado como una de las actividades de la Asociación de Profesores de Japonés en España (APJE). Desde que la APJE comenzó su labor en España, ha organizado varios simposios internacionales donde se presentaron numerosos estudios de calidad sobre temas de interés para desarrollar investigaciones sobre la enseñanza del japonés en España y en otros países. No obstante, al ser un lugar de intercambios académicos mayoritariamente en japonés, los resultados de los simposios no se han difundido suficientemente fuera del ámbito japonés. Por otro lado, se observa que los participantes no japoneses en los simposios y en la APJE se están incrementando. Este fenómeno se debe al crecimiento del interés y de la demanda del japonés en el contexto español. Por ende, surgió la idea de fundar un proyecto de Difusión de Conocimientos dentro de la estructura de la APJE, como un trabajo a largo plazo para establecer diferentes vías para divulgar los frutos de nuestras investigaciones.

Agradecemos, en primer lugar, a los miembros de la APJE, especialmente a Norika Itakura, la Presidenta actual de la misma, por permitirnos el comienzo del presente proyecto y la primera publicación. Asimismo, nos gustaría dar las gracias a los miembros del proyecto por apoyarnos durante todo el proceso de publicación con sus sugerencias esclarecedoras e, igualmente, a los autores por sus valiosas contribuciones a pesar del corto plazo que tuvimos. Además, quisiéramos expresar nuestro más profundo agradecimiento a Celia Corral Cañas por su excelente labor de revisión y edición, y por sus ánimos y amabilidad para acompañarnos en esta tarea intensa y compleja. También, agradecemos enormemente a la Editorial Common Ground, especialmente a José Luis Ortega Martín, Director Científico en Lengua Española de Common Ground, por facilitarnos la publicación. Por último, pero no menos importante, nuestros agradecimientos más sinceros van a la Japan Foundation por su generosa subvención que hizo posible esta publicación, y particularmente a los miembros de la Fundación Japón, Madrid por su apoyo administrativo.

Kyoko Ito–Morales
Sayaka Kato

Autores

(Por orden alfabético)

Kyoko Ito–Morales es profesora de lengua y estudios japoneses de la Universidad de Granada, España. Doctora (Ciencias Sociales) por la Universidad de Granada, Máster (MA Human Rights) por Essex University, Reino Unido, y Licenciada (BA Liberal Arts) por International Christian University, Japón. Ha desarrollado estancias en la Pontificia Universidad Católica de Chile (Chile), en Chulalongkorn University (Tailandia) y en Osaka University (Japón). Ha publicado en revistas como *Asian Studies, Porta Linguarum y ReiDoCrea*, así como varios capítulos y libros. Sus áreas de interés en investigación son la enseñanza de japonés como lengua extranjera y su cultura, la sociedad y la política en Japón y los derechos humanos en Asia. Pertenece al grupo DLEx HUM–1011 sobre Didáctica de las Lenguas Extranjeras, a la Asociación de Profesores de Japonés en España (APJE), a la Asociación de Estudios Japoneses en España (AEJE), a la Asociación Española de Estudios de Asia Oriental (AEEAO), a European Association for Japanese Studies (EAJS) y a European Consortium for Political Research (ECPR). Actualmente es miembro de la junta directiva de APJE y del Nōken (Examen Oficial de Lengua Japonesa) en Granada.

 Sayaka Kato es profesora de lengua japonesa de la Universidad de Salamanca. Doctora en Filosofía española por la misma universidad, Maestría en Letras por la Kyoto University of Foreign Language y Licenciada (Liberal Arts) por la Nanzan University, Japón. Tiene experiencia en cargos como Presidenta de la Asociación de Profesores de Japonés en España (APJE) (2016–2018), es miembro de la junta directiva de la Association of Japanese Language Teachers in Europe (AJE) (2018–2020) y Jefa de Estudios en el Centro Cultural Hispano–Japonés de la Universidad de Salamanca (2009–2020). Su artículo sobre la realización del proyecto de innovación docente en el mismo centro con el enfoque en la adaptación de la enseñanza de japonés a los objetivos y las competencias que marca el Marco Común Europeo de Referencia para las lenguas fue publicado por la Japan Foundation en el *Current Report on Japanese Language Education around the Globe*. Una de sus líneas de investigación comprende la implementación de las técnicas dramáticas a la enseñanza–aprendizaje de japonés, para la cual participa en el proyecto Drama for All Japanese Language Learning. Asimismo, tiene publicaciones en la dimensión intercultural que giran en torno al pensamiento japonés en España y viceversa. Pertenece a la British Association for Teaching Japanese as a Foreign Language (BATJ) y a la Asociación Japonesa de Hispanistas (AJH).

 Masako Kubo es profesora de lengua y cultura japonesa de la Universidad de Salamanca, España. Doctora (Antropología Social) por el Instituto Universitario de Simancas de la Universidad de Valladolid, Máster y Licenciada (Filología

Hispánica) por la Kyoto University of Foreign Studies, Japón. Tiene amplia experiencia docente en varias universidades japonesas y españolas. Es coordinadora del programa de lengua japonesa del Grado de Estudios de Asia Oriental de la Universidad de Salamanca y fue coordinadora del programa de movilidad de intercambio con universidades japonesas. Asimismo, fue organizadora de las reuniones de los niños con origen japonés en Salamanca. Sus áreas de interés en investigación son la enseñanza de la lengua japonesa, la lengua japonesa heredada y la antropología cultural de Japón. Pertenece al grupo HUME sobre Humanismo Eurasia, a la Asociación de Profesores de Japonés en España (APJE), a la Association of Japanese Language Teachers in Europe (AJE), a The Japanese Society for Mother Tongue, Heritage Language, and Bilingual Education, a la Asociación Española de Estudios de Asia Oriental (AEEAO), y a la Asociación de Estudios Japoneses en España (AEJE).

Hiromi Nakanishi es profesora de lengua japonesa de la Universidad de Salamanca, España. Licenciada (Relaciones Internacionales) por la Ritsumeikan University, Japón. Titulada de *The 420 hours Advanced Skills of Teaching Japanese Language Course*. Se dedica a la enseñanza de japonés como lengua extranjera desde 2006 hasta el presente. Las instituciones donde impartió clases son el Centro de Linguas de la Universidade de Vigo, la Escuela Oficial de Idiomas de Vigo y la academia de idiomas Linguamania de Vigo. Paralelamente imparte talleres y charlas de diversas materias de la cultura japonesa, como caligrafía, arreglo floral japonés *ikebana*, papiroflexia, encuadernación japonesa, cocina japonesa, entre otras, en el Centro Cultural Hispano–Japonés de la Universidad de Salamanca desde 2010 hasta el presente. Titulada de maestra de *ikebana* y de pintura japonesa con tinta negra *bokuga*. Sus áreas de interés en investigación son la enseñanza de japonés como lengua de herencia, como lengua extranjera y la cultura japonesa. Pertenece a la Asociación de Estudios Japoneses en España (AEJE) y a la Asociación de Profesores de Japonés en España (APJE) y participa en la junta directiva desde el año 2020.

Daniel Ruiz Martínez es profesor de lengua japonesa de la Universidad de Salamanca, España. Doctor (Traducción y Mediación Intercultural) por la Universidad de Salamanca, Máster Universitario (Asia Oriental) por la Universidad de Salamanca y Licenciado (Traducción e Interpretación) por la Universidad de Salamanca. Titulado del Training Program for Foreign Teacher of Japanese Language (the Japan Foundation Japanese–Language Institute, Urawa, Japón). Tiene amplia experiencia docente en la Universidad de Salamanca, Centre d'Idiomes Moderns, Universitat Oberta de Catalunya y Centro Cultural Hispano–Japonés de la Universidad de Salamanca. Además, ejerce como traductor profesional. Sus áreas de interés en investigación son la traducción japonés–español y el léxico fonosimbólico. Pertenece a la Asociación de Profesores de Japonés en España (APJE).

Yuko Suzuki es profesora y coordinadora de lengua japonesa del Centro Superior de idiomas Modernos de la Universidad de Complutense de Madrid, y de la Universidad Autónoma de Madrid, España. Doctoranda (Humanidades) en la Universidad Carlos III, España, Máster Universitario en Teoría y Crítica de la Cultura en Humanidades por la Universidad Carlos III y Licenciada (Humanidades con especialidad Historia) por la Seisen University, Japón. Tiene amplia experiencia docente en las universidades españolas, cursos de japonés para mayores, y Colegio Japonés de Madrid (educación primaria y secundaria). Sus áreas de interés en investigación son la enseñanza de la lengua japonesa, la filosofía de la educación, especialmente la adquisición de la segunda lengua, la relación entre plurilingüismo, pluriculturalismo e identidad, la motivación, el choque cultural y la enseñanza de *kanji*, y la situación actual de los profesores de japonés en Europa. Pertenece a la Asociación de Profesores de Japonés en España (APJE), a Asosociation des Enseignants de Japonais en France (AEJE) y a Association of Japanese Language Teachers in Europe (AJE). Es actualmente tesorera de la APJE y ha sido Fundadora y Presidenta (2010–2014) de la misma asociación. Asimismo, es organizadora del proyecto de creación del libro de texto *Aprendemos 101 Kanji: los primeros kanji para hispanohablantes A1*. Además, actúa como presidenta del Comité Organizadora de Nōken (Examen Oficial de Lengua Japonesa) en Madrid. Ha participado y coordinado desde España "Corpus of Japanese as a second Language" organizado por National Institute for Japanese Language and Linguistics. Ha recibido el Galardón del Ministro de Asuntos Exteriores de Japón (2015) y es autora de *Nihongo kyoshi no tame no CEFR 日本語教師のための CEFR [CEFR para los profesores de japonés] (Editorial KUROSHIO, 2016)*.

Minako Takahashi es profesora de lengua japonesa de la Sociedad Gallega de Estudios Nipones y Academia de idioma *CL–Training*. España. Doctoranda en Filosofía (mitología japonesa) en la Universidad de Santiago de Compostela, España, Máster Universitario en Formación del Profesorado de Secundaria Obligatoria y Bachillerato, Formación Profesional y Enseñanza de Idiomas por la Universidad Internacional de la Rioja, España y Licenciada (Estudios de Asia Oriental) por la Universitat Oberta de Catalunya, España. Tiene amplia experiencia docente en instituciones públicas como en el Centro de Linguas Modernas de la Universidad de Santiago de Compostela o la Escuela Oficial de Idiomas de A Coruña y en las privadas. Sus áreas de interés en investigación son la cultura japonesa y las creencias y los pensamientos de los japoneses. Pertenece a la Asociación de Profesores de Japonés en España (APJE), donde asumió el cargo de presidenta (2018–2019) y sigue actuando como miembro de la junta directiva. Además, es vicepresidenta de la Sociedad Gallega de Estudios Nipones y socio de la Association of Japanese Language Teachers in Europe. (AJE). Es organizadora del Nōken (Examen Oficial de Lengua Japonesa) en Santiago de Compostela. Ha publicado varios manuales de gramática de la lengua japonesa en colaboración con la Fundación Japón, Madrid, y ha traducido diversos libros y artículos de español a japonés.

Emi Takamori es profesora de lengua japonesa de la Universidad Autónoma de Madrid. Doctora (Lingüística) por la Universidad Autónoma de Madrid, España, Máster (Lingüística y Enseñanza de Japonés como Lengua Extranjera) por Tokyo University of Foreign Studies, Japón y Licenciada (Estudios Hispánicos) por Sofia University, Japón. Tiene amplia experiencia docente en varios centros en Japón (Asia University, TUFS, JASSO, etc.) y en España (Universidad Autónoma de Madrid y Fundación Japón, Madrid). Ha participado en los proyectos de Cooperación Interuniversitaria Uam–Santander ("La aplicación de corpus de habla espontánea a la enseñanza del español y japonés" (2009–2010) y "Aproximación a los textos españoles y japoneses desde la perspectiva de las humanidades digitales" (2018)). Además, ha publicado libros como *Manual de lengua japonesa* 2ª (200) y 3ª (2019) (coautora: Kayoko Takagi, UAM Ediciones) y *Colección Japón Lingüística: Análisis de usos de partículas japonesas Wa y Ga basado en corpus de estudiantes españoles* (2017, UAM Ediciones). Sus áreas de interés en investigación son el análisis de discurso y los estudios comparativos entre español y japonés. Pertenece a la Asociación de Profesores de Japonés en España (APJE) y a la Association of Japanese Language Teachers in Europe (AJE).

Mayumi Tsukada es profesora de lengua japonesa de la Universidad de Salamanca. Doctoranda (lingüística, literatura y comunicación) en la Universidad de Valladolid, Máster (Profesor de Educación Secundaria Obligatoria y Bachillerato, Formación Profesional y Enseñanza de idiomas) por la Universidad de Valladolid, Máster (Foreign Language and Culture, Practical Language Teaching Course) por Kyoto University of Foreign Studies, y Licenciada (Filología Hispánica) por Kyoto University of Foreign Studies. Tiene amplia experiencia docente tanto en Japón (Japan International Cooperation Center) como en España (Centro de Idiomas de la Universidad de Valladolid, Centro Cultural Hispano–Japonés de la Universidad de Salamanca, etc.). Ha publicado artículos y libros *como Digitalizando los procesos de enseñanza: el modelo Flipped Classroom como ejemplo de b–learning en el aula de ELE* (coautora Eva Álvares Ramos, ArtyHum: Revista Digital de Artes y Humanidades, 2019) y "Supein de nihongo o oshieru" [Enseñar el japonés en España] (en *Kaigai de nihongo o oshieru* [Enseñar el japonés en el extranjero], coordinado por Yoshio Nakagawa, 2021, Kindle Direct Publishing). Actualmente participa en el Proyecto de Innovación "Docente "Palabra e Imagen: literatura y ciudad" (Universidad de Valladolid). Sus áreas de interés en investigación giran en torno al mundo de la enseñanza de segundas lenguas, tanto el japonés como el español. Pertenece a la Asociación de Profesores de Japonés en España (APJE) y es miembro de la junta directiva (2020-2022).

Introducción

Enseñar japonés en el contexto español

Kyoko Ito–Morales, Universidad de Granada
Sayaka Kato, Universidad de Salamanca

Introducción

El idioma japonés se habla únicamente en el país nipón (Agency for Cultural Affairs, Government of Japan 1999). Unos 126 millones de japoneses utilizan el japonés como su lengua materna (Eberhad, Gary y Fenning 2021), que es la novena (Ministry of Education, Culture, Sports, Science and Technology, Japan s.f.) o decimotercera (Eberhad, Gary y Fenning 2021) lengua con más hablantes del mundo. Dado que existen 7139 lenguas mundialmente, el japonés puede aparentar ser uno de los idiomas más hablados. No obstante, en comparación con el inglés, el chino o el español que cuentan con unos 1348 millones, 600 millones y 543 millones de hablantes respectivamente (Eberhad, Gary y Fenning 2021), el japonés sigue siendo una lengua con un peso moderado. Además, a pesar de que una vez tuvo una influencia monetaria considerable, el Japón actual no está disfrutando de un momento de poder económico como el de tiempos anteriores (OECD 2021), por lo que el motivo comercial de aprender el japonés no está aumentando (Okuda y Okuda 2017).

Sin embargo, a pesar de la limitación geográfica y de la influencia económica, los alumnos de japonés siguen extendiéndose por varias razones. Así como se ha mencionado, el motivo principal de aprender japonés era por la razón profesional de negocios cuando Japón experimentaba un crecimiento económico llamativo en los años ochenta (Fukunaga 2006; Okuda y Okuda 2017). Actualmente, el incentivo más considerable es la popularidad de las culturas populares como anime, manga y videojuegos entre los jóvenes (Fukunaga 2006; Okuda y Okuda 2017). Hoy en día, la educación de la lengua japonesa se implementa en 142 países y regiones en el mundo y, como consecuencia, el número tanto del profesorado como del alumnado va aumentando cada día (Japan Foundation 2020b, 7–9). Esta tendencia es clara y notable en el contexto europeo y español también (Japan Foundation 2020a; Ito–Morales 2019a).

Por otro lado, la globalización favorece al movimiento de las personas. Como consecuencia, las lenguas se mueven y se enfrentan a nuevos retos. Una de las dificultades observadas en el mundo actual es la enseñanza de las lenguas de herencia. A diferencia de la enseñanza de lenguas extranjeras, la educación de las lenguas de herencia se relaciona estrechamente con la educación del valor, historia e identidad de la comunidad de la lengua que hereda (Kondo–Brown 2010: Kelleher 2010; Leeman, Rabin y Ramón–Mendoza 2011; He 2010; Ito–Morales 2019b: Ito–Morales y Morales–Cabezas 2019; Kim 2017: Takamori 2015). Junto con el incremento de los matrimonios internacionales, se observa un aumento de los hijos que estudian el japonés como la lengua de herencia (Ito–Morales 2019b).

Precisamente, estos datos son los motivos del presente libro. A pesar de que el idioma japonés se utiliza solamente en el archipiélago nipón del oriente lejano, y a pesar de que la presencia de dicha lengua no es llamativa de manera particular, el japonés está disfrutando un auge de su celebridad gracias a la expansión de la cultura tradicional y popular, y los sectores económicos que sostienen estos productos culturales japoneses. Asimismo, el aumento de matrimonios internacionales dirige un camino nuevo en la enseñanza de japonés para los descendientes japoneses. Para contestar a las demandas variadas e individualizadas del alumnado de japonés actual, los profesores de japonés estudian, experimentan y mejoran sus didácticas en las aulas de distintos tamaños con diversos alumnos. En particular, en España, donde la enseñanza del idioma japonés en la educación obligatoria (primaria y secundaria) no está formalizada, los estudiantes interesados en aprender japonés acuden a las academias, las escuelas oficiales de idiomas y las clases particulares. Desde el año 1985 cuando comenzaron los cursos de japonés en el centro de idiomas de la Universidad Autónoma de Madrid, y los grados y posgrados en varias universidades españolas desde el año 2003 (Japan Foundation 2020a), siguen aumentando las oportunidades de estudiar japonés en el nivel universitario, por lo que se espera un crecimiento estable y que los trayectos académicos de los alumnos de japonés y estudios japoneses reciban cada vez más reconocimientos oficiales (Ito–Morales 2019a). Es por ello por lo que establecer una formación rígida con la calidad del profesorado de japonés es una responsabilidad urgente y necesaria. No obstante, aunque existe una cantidad relativamente extensa de la bibliografía acerca de la enseñanza de japonés en japonés o en inglés, desgraciadamente, las referencias disponibles en español son todavía escasas y dispersas. Para contestar a tal situación actual, como una iniciativa novedosa y desafiante, el presente libro pretende ofrecer los frutos de estudios e investigaciones en español, recogidos durante estos años mediante conferencias, simposios, talleres e intercambios realizados a través de la red de la Asociación de Profesores de Japonés en España (APJE).

Enseñar y aprender las lenguas extranjeras

Las lenguas son un aspecto principal en la vida de todas las personas que contribuyen al mejor funcionamiento de la sociedad (Council of Europe, s.f.a) y todas las lenguas conllevan sus culturas (Council of Europe, s.f.b), por lo que la enseñanza y el aprendizaje de lenguas extranjeras y sus culturas son fundamentales para el mejor entendimiento del mundo y la comunicación (Byram 1997). En el contexto europeo, la presencia de japonés como lengua extranjera puede señalar un significado importante, puesto que, aun siendo un idioma no europeo, contribuye al fomento del plurilingüismo y pluriculutralismo.

La enseñanza de japonés como lengua materna se diferencia de la enseñanza como lengua extranjera o lengua de herencia. La primera se denomina 国語 *kokugo,* que es la enseñanza de la lengua japonesa como lengua materna y es la educación para formar a los japoneses. Por otro lado, la segunda es 日本語 *nihongo,* cuyo uso es para observar dicha lengua como uno de los idiomas del mundo con la finalidad de observarla objetivamente (Agency for Cultural Affairs, Government of Japan 1999). Esta monografía va a tratar *nihongo,* especialmente la educación de 外国語としての日本語 *gaikokugo to shite no nihongo* (japonés como lengua extranjera) y 継承語としての日本語 *keishōgo to shiteno nihongo* (japonés como lengua de herencia).

Japonés como lengua extranjera

El japonés como lengua extranjera ha pasado dos periodos de expansión y actualmente se sitúa en la segunda fase. La primera etapa fue en los años ochenta cuando Japón tuvo un crecimiento económico notable y fue la causa de los alumnos de japonés por el motivo de favorecer negocios con empresas japonesas (Fukunaga 2006; Okuda y Okuda 2017). El segundo periodo comienza en los años noventa y sigue la tendencia hasta hoy en día, gracias al *boom* de manga y anime entre los jóvenes (Fukunaga 2006; Okuda y Okuda 2017). Japan Foundation informa que, a nivel global, hay 3 851 774 alumnos que estudian japonés como lengua extranjera, 77 323 profesores enseñan dicha lengua y hay 18 661 instituciones educacionales registradas para fomentar la enseñanza, además, el incremento es estable y continuo (2020b, 7).

En Europa, se observa un crecimiento importante del alumnado de japonés en prácticamente todos los países. Sostenido por el interés particular en la historia, literatura y artes, además de la cultura popular (Japan Foundation 2020b; Ito–Morales 2019), Francia tiene un mayor número tanto del alumnado como del profesorado, así como de las instituciones de la enseñanza de japonés. Siguen Reino Unido, Alemania, España e Italia como los países con mayor peso de la educación de japonés (Japan Foundation 2020b).

El caso de España es llamativo porque registra un crecimiento importante no solo del número de estudiantes, profesores e instituciones, sino también de la extensión del nivel educativo, aunque, en comparación con otros países con más tradición de la enseñanza de japonés como Reino Unido, Francia, Alemania e Italia hay considerablemente pocas instituciones oficiales que ofrezcan la enseñanza de japonés como lengua extranjera (Japan Foundation 2020b). Es decir, existe una potencia de alumnado interesado en aprender el japonés, sin embargo, por otro lado, hay escasez de establecimientos oficiales que oferten las clases de japonés, por lo que los alumnos tienden a acudir a las academias y profesores privados u optan por un método autodidáctico. Para motivar a los estudiantes de japonés con los reconocimientos de estudios japoneses de manera oficial, queda pendiente mostrar una mayor presencia de la enseñanza de japonés como lengua extranjera frente a las autoridades españolas. Por lo tanto, es necesario seguir haciendo labor de difusión de actividades relacionadas con la enseñanza de japonés, tal como este libro apunta.

Japonés como lengua de herencia

La lengua de herencia es una lengua de inmigrantes, de indígenas o de grupos minoritarios en que la persona quiere estar conectada (He 2010). Además, la lengua de herencia se utiliza y se hereda habitualmente en un entorno de familia, donde se habla la lengua de herencia, y que es diferente a la lengua hablada en la comunidad en que vive (He 2010; Takamori 2015). Por eso, es inevitable e importante considerar los factores más allá de la adquisición lingüística, por ejemplo, el valor cultural y la identidad (Kondo–Brown 2010: Kelleher 2010; Leeman, Rabin y Ramón–Mendoza 2011; He 2010; Ito–Morales 2019b: Ito–Morales y Morales–Cabezas 2019; Kim 2017: Takamori 2015). En este sentido, la publicación de 日本語教育の推進に関する法律 *nihongo kyōiku no suishin ni kansuru hōritsu* (la Ley relativa a la promoción de la enseñanza del japonés) en 2019 (Agency for Cultural Affairs, Government of Japan 2019) es una noticia favorable y llamativa para la promoción de la educación de japonés como lengua de herencia. Es una señal de que el gobierno japonés va a dar más importancia a dicha educación. Sin embargo, hasta llegar a este punto, el japonés como lengua de herencia ha pasado un trayecto largo y desconocido.

Desde el comienzo del siglo XX, los japoneses emigrantes en los países americanos como Perú, Brasil y EE.UU. –conocidos como *nikkei–jin*– intentaron mantener su lengua y la cultura materna, a pesar de las dificultades generadas por las políticas de los países de destinos, y relaciones diplomáticas debido a la Segunda Guerra Mundial. En el periodo posguerra, hubo otro factor de la necesidad de la educación de la lengua de herencia, provocado por la internacionalización de las empresas japonesas y, como consecuencia, el aumento de las familias y niños japoneses fuera de Japón que buscaban los canales para seguir estudiando su lengua materna (Calder 2014). En estas dos etapas, los aprendices del japonés eran, mayoritariamente, de las familias japonesas monolingües de japonés. Sin embargo, la nueva tendencia del japonés como lengua de herencia es el resultado de los niños de matrimonios internacionales entre japonés/japonesa y extranjero/extranjera (Ito–Morales 2019b; Ito–Morales y Morales–Cabezas 2019). No obstante, los estudios e investigaciones sobre las prácticas de la educación del japonés de herencia son escasas (The Japanese Society for Mother Tongue, Heritage Language, and Bilingual Education, s.f.), a pesar de las actividades al nivel de base como en grupos pequeños, privados y voluntarios, o en hogar (Fuchs–Shimizu 2021).

Rellenar un hueco entre teoría y práctica

Aunque las teorías, los marcos, las estrategias y técnicas de didáctica y aprendizaje de las lenguas extranjeras se están desarrollando, siempre hace falta implementarlos en las aulas y reflexionar sobre sus utilidades y mejoras. En el caso de la enseñanza del japonés, a menudo, se alquilan las teorías de didácticas experimentadas en otras lenguas extranjeras (mayoritariamente de inglés). Sin embargo, aplicar un estándar común para todas las lenguas extranjeras a veces se encuentra con dificultades, por lo tanto, puede provocar problemas en aulas como confusión y desanimación entre los alumnos, pérdida de autoconfianza entre los profesores, etc. Además, a la hora de programar las clases, perteneciendo a las *less commonly taught languages* (lenguas menos enseñado habitualmente), a menudo la enseñanza del japonés se enfrenta a desventajas como menos horas de clases, diferencias considerables de culturas, el aprendizaje lento de la escritura, entre otros (Larson 2006). Este es justamente el caso de japonés como lengua extranjera para el alumnado hispanohablante. Es por ello por lo que dar importancia en la práctica es indispensable. Asimismo, esta es la razón de que la APJE siempre ha marcado una importancia extraordinaria en el equilibrio entre la teoría y la práctica. Los resultados y las reflexiones de la implementación teórica en las prácticas –que este libro presenta– será de gran utilidad para conocer mejor las ventajas y dificultades de las teorías didácticas de la enseñanza de lenguas extranjeras y las condiciones particulares de la enseñanza de japonés.

Objetivo y estructura del libro

El presente libro tiene un objetivo muy claro: recoger las investigaciones presentadas en varios simposios, conferencias y talleres organizados por APJE para responder a la necesidad de más referencias acerca de la enseñanza de japonés en español y en el contexto español. Dada la historia relativamente corta de la enseñanza de japonés en España, por un lado, pero la alta demanda de aprender japonés como lengua extranjera o como lengua de herencia en España por otro lado, es necesario ofrecer acceso a los estudios de dicho ámbito en español para fomentar más investigaciones académicas. De esta manera, los jóvenes académicos y profesores de japonés, tanto hispanohablantes como de otras nacionalidades con la capacidad de leer en español, pueden conocer la situación actual de la lengua japonesa, y esta realidad puede animarles a impulsar más los estudios sobre la didáctica de la lengua japonesa en el futuro.

El libro se divide en dos partes. En la primera parte se presentan los estudios sobre la enseñanza de japonés como lengua extranjera. Cada autor aporta su estudio realizado en el aula de distintos escenarios. En la segunda parte las autoras comparten sus experiencias acerca de la enseñanza de japonés como lengua de herencia.

Yuko Suzuki comienza la primera parte de este monográfico con su estudio interesante y novedoso sobre análisis de japonesismo en la narración de vida, y un resultado de implementar este tema en la clase de japonés como lengua extranjera. La autora argumenta que los préstamos lingüísticos del japonés al español se relacionan estrechamente con las experiencias personales y promueve el plurilingüismo y el pluriculturalismo. Para comprobar esta hipótesis la autora analiza cualitativamente 5 entrevistas de *life story interviews* realizadas a los españoles con abundantes y largas experiencias en Japón. Después de pasar el análisis por KH Coder para averiguar la frecuencia del uso de vocabularios de japonesismo, la autora descubre que el uso de japonesismo de los entrevistados tiene mucho que ver con sus historias, vidas y valores. Además, el japonesismo se utiliza así porque no existe una traducción adecuada a una palabra elegida por estos entrevistados. A continuación, la autora lleva el japonesismo al aula del japonés como lengua extranjera en un centro de idiomas universitario, como una de las actividades de mediación. Recoge varios ejemplos interesantes del japonesismo utilizado por los estudiantes que también tiene mucho que ver con las experiencias y valores personales que cada estudiante abarca. La autora espera recoger más datos del japonesismo como una muestra de las "traducciones en traducción sin traducción". Su investigación es extremadamente relevante para reconocer el japonés en el contexto europeo del plurilingüismo y pluriculturalismo.

Daniel Ruiz se centra en el tema del aprendizaje autónomo, que es una de las tareas a las que muchos profesores que ejercen su docencia en el contexto del Marco Común Europeo de Referencia (MCER) se enfrentan, y presenta una práctica de experimento que llevó a cabo en el aula de lengua japonesa. Es un experimento piloto de unas actividades didácticas muy originales, incluso atrevidas por parte del docente, que pretendió promover la implicación de estudiantes en la organización de clase y fomentar la consciencia de responsabilidad como aprendiente independiente mediante la toma de decisiones acerca de la planificación de sendas unidades didácticas del libro de texto utilizado en el curso. El hecho es que el plan diseñado por los estudiantes mismos se efectúa por el profesor a continuación, y una vez concluida la clase lectiva, los estudiantes entran en la jornada de reflexión que consiste en un cuestionario anónimo e individual y un debate en grupo. Esta última fase del experimento parece la parte más significativa, puesto que está orientada a invitarles a autoevaluar la participación en las actividades encomendadas y a reflexionar sobre el aprendizaje autónomo. El autor toma como objeto de análisis el resultado de dicho cuestionario realizado para la reflexión, mediante el cual revela con qué actitud los estudiantes participaron en las tareas encomendadas en cada fase y también cómo les afectó la participación en el experimento a la consciencia de ser responsable del propio aprendizaje.

A continuación, el trabajo de Emi Takamori, situado en el contexto europeo del plurilingüismo y pluriculturalismo, parte de la siguiente pregunta: ¿cómo se podrían incorporar los elementos culturales en la enseñanza de japonés en España? Ante ella, la autora, en primer lugar, se dedica a investigar cómo ha venido evolucionando la cuestión de la cultura dentro de la enseñanza de japonés como lengua extranjera, especialmente desde el punto de vista de la formación de la competencia plurilingüe y pluricultural. Seguidamente, presenta una reflexión sobre la integración de cultura en una asignatura universitaria, exponiendo unas actividades concretas realizadas en aula. Es un intento muy valioso, ya que continúa durante los años académicos 2017–2018, 2018–2019, 2019–2020 y 2020–2021, implica varias modificaciones oportunas tras la reflexión para mejorar, teniendo en cuenta las sugerencias provenientes de las referencias bibliográficas expuestas en los apartados anteriores. Tras el análisis del resultado del cuestionario realizado a los estudiantes, la autora recalca la importancia de darles oportunidades de reflexionar sobre sus estereotipos y de tener experiencias personales para corregir sus ideas previamente establecidas, y allí está el significado de la presencia de un docente como diseñador de aprendizaje en un centro de educación superior.

En el siguiente capítulo, Mayumi Tsukada experimenta el método *Flipped Classroom* (aula invertida) en el aula de japonés como lengua extranjera en un centro de idiomas universitario español. El modelo *Flipped Classroom* está llamando la atención, especialmente durante las clases *online* causadas por la pandemia COVID. No obstante, la autora implementó la metodología anterior a la pandemia, con la duración de dos años. En vez de la lectura magistral, el aula invertida invita a que los alumnos estudien las materias con los vídeos de explicación de manera autónoma, previa a la clase presencial, para poder contar con varias ventajas como adaptarse a la velocidad de aprendizaje de cada estudiante, reforzar el hábito de estudio autónomo, habilitar tiempo de clase presencial para otras actividades, entre otras. Observando la diversidad de los alumnos tanto con respecto a las edades como por las profesiones, la autora encuentra la utilidad del aula invertida para adaptarse al horario y necesidad del alumnado, y al mismo tiempo, disponer de más tiempo en la clase presencial para repasar los materiales, solucionar problemas, hacer trabajos individuales y grupales y actividades orales. Los resultados muestran la satisfacción total del alumnado con el modelo de aula invertida. Asimismo, el método *Flipped*

Classroom ha contribuido a crear un ambiente más activo en la clase, gracias a que los alumnos tuvieron suficiente tiempo para asimilar los contenidos y estudiar profundamente de los temas por su cuenta.

Concluye la parte primera el estudio de Minako Takahashi que presenta una práctica de experimento realizado bajo el objetivo de desarrollar la competencia de comprensión intercultural. La autora presta la atención especial al concepto de la 個の文化 *ko no bunka* (cultura del individuo), según la cual los estudiantes deben experimentar la cultura y la sociedad a su manera, lo cual implica que la interpretación de la cultura por parte del profesor también tiene peligro de contribuir a la formación de ideas e impresiones estereotipadas en la mente de los estudiantes. Para que ellos mismos perciban y comprendan la cultura japonesa, la autora utiliza el 川柳 *senryū*, una serie de la poesía japonesa, como método de la enseñanza de la cultura. Merece destacar el diseño de actividad, pues están combinadas las tareas de diferentes formas (individuales y en grupo) y tipos (comprensivo y productivo) con la idea de que los estudiantes se aproximen a las piezas del *senryū* paso a paso y a través del proceso aprendan, piensen y reflexionen sobre la cultura. Los comentarios recogidos por la profesora apuntan que los estudiantes se dan cuenta de la diversidad cultural que existe a nivel individual entre ellos mismos, que pertenecen a la misma cultura española.

Con el estudio de Hiromi Nakanishi, inauguramos la segunda parte: enseñanza de japonés como lengua de herencia. Siendo profesora de lengua japonesa, además de ser madre de dos hijos que aprenden japonés como lengua de herencia, la autora comparte su experiencia personal de enseñar japonés en el hogar para preparar al niño para las estancias en un colegio japonés durante vacaciones. Primero, la autora ofrece las descripciones sobre el estado actual de la enseñanza de japonés como lengua de herencia en ámbitos general, europeo y español. La información añadida es útil para conocer la situación y las dificultades enfrentadas por la enseñanza de japonés como lengua de herencia en España. Sobre todo, se observa que los hijos de matrimonios internacionales que residen en los lugares fuera de ciudades grandes, donde el acceso al 補習校 *hoshūkō* (escuelas complementarias) es limitado y complicado, se enfrentan a la situación en que la educación de lengua de herencia se deja totalmente a las manos de familias. Posteriormente, la autora presenta varios materiales y metodologías lucrativas para motivar al hijo a que aprenda la lengua y la cultura japonesa que hereda, con la finalidad de prepararlo para la estancia en el colegio japonés. La entrevista realizada al hijo y las observaciones de la autora concluyen que, en general, tanto los estudios de japonés en el hogar como la experiencia de entrar al colegio temporalmente han resultado positivos, gracias a los esfuerzos por parte de la familia y la condición acogedora del colegio de destino en Japón.

Por último, para concluir este apartado, Masako Kubo reflexiona sobre la experiencia de organizar un grupo voluntario para promocionar el japonés como lengua de herencia, dirigido a los niños de infantil y primaria. Siendo una de los miembros de dicho grupo, la autora trata la lengua japonesa como un patrimonio cultural heredado. La iniciativa del grupo duró ocho años hasta enfrentarse a la pandemia. Los deseos y ganas por la parte de los padres con los niños de matrimonio internacional entre españoles/españolas y japonés/japonesas, hicieron posible crear un grupo informal para enseñar no sólo la lengua japonesa sino también todo alrededor de la lengua y cultura japonesa, por ejemplo, canciones, juegos tradicionales y convencionales, fiestas nacionales, etc. Las entrevistas realizadas con los participantes del grupo (tanto los niños como los padres) afirman la centralidad del grupo para mantener y fortalecer el vínculo con la lengua y la cultura japonesa heredada, además de ofrecer un espacio para compartir unos momentos de socialización y relajación entre los miembros. Por otro lado, las entrevistas con los niños que no participaron en el grupo revelan que, a pesar de la ausencia del grupo, el aprendizaje del japonés como lengua de herencia ha sido posible, puesto que el entorno familiar ha sido capacitado para llevar a cabo la enseñanza de lengua de herencia dentro del hogar. Es decir, la existencia de un grupo de autoayuda para la educación del japonés como lengua de herencia no es una condición *sine qua non*. No obstante, es importante reconocer el papel de tal grupo para compartir la labor de la enseñanza de lengua de herencia y endurecer el compañerismo entre los matrimonios internacionales. En este sentido, es interesante comparar los capítulos de Nakanishi y de Kubo para estudiar las perspectivas diferentes hacia la educación de japonés como lengua de herencia.

Conclusiones

Para terminar, el campo de estudios sobre la enseñanza de japonés como lengua extranjera y como lengua de herencia sigue avanzando. Sin embargo, en comparación con otras lenguas más estudiadas, es evidente que todavía hay un margen grande para seguir desarrollando. Las contribuciones para esta monografía no pueden abordar todos los temas relevantes acerca de la educación de japonés en el contexto español. Tampoco es la intención de este libro abarcar todas las corrientes actuales de la enseñanza de japonés.

Aun así, esperamos que el presente volumen abra una nueva etapa para avanzar y desarrollar las investigaciones de la didáctica de japonés como lengua extranjera y como lengua de herencia en español, para contribuir el fomento de dicho campo de estudios, y mejorar las condiciones de enseñanza y aprendizaje del japonés.

REFERENCIAS

Agency for Cultural Affairs, Government of Japan 文化庁. 2019. "Nihongo kyōiku no suishin ni kansuru hōritsu 日本語教育の推進に関する法律" [La ley relativa a a la promoción de la enseñanza del japonés]. Última modificación 26 junio 2019, https://www.bunka.go.jp/seisaku/bunka_gyosei/shokan_horei/other/suishin_houritsu/1418260.html

———. 1999. "Dai 22 ki kokugo singikai dai 3 kai sōkai gijiyōroku sonohoka 1 第 22 期国語審議会 第 3 回総会議事要録その他 1" [Nota 1 de actas de 3ª reunión general de 22° period del consejo de lengua japonesa]. Última modificación 11 mayo1999, https://www.bunka.go.jp/kokugo_nihongo/sisaku/joho/joho/kakuki/22/sokai003/05.html

Byram, Michael. 1997. *Teaching and Assessing Intercultural Communicative Competence*. Clevedon, Bristol, Ontario, Artamon, Johannesburg: Multilingual Matters.

Calder, Yoshiko. 2014. "Kaigai nihongo keishō nihongo kyōiku 海外継承日本語教育" [La educación de japonés como lengua de herencia en los países extranjeros]. *Studies in Mother Tongue, Heritage Language, and Bilingual Education* 10: 10–19. http://hdl.handle.net/11094/57933

Council of Europe. s.f.a. "Council of Europe Language Policy Portal." Última modificación s.f., https://www.coe.int/en/web/language–policy

———. a.f.b. "Intercultural Education." Última modificación s.f. https://www.coe.int/en/web/platform–plurilingual–intercultural–language–education/intercultural–aspects

Eberhard, David M., Gary F. Simons, y Charles D. Fenning (eds.). 2021. *Ethnologue: Language of the World. Twenty–fourth Edition*. Dallas, Texas: SIL International. http://www.ethnologue.com

Fuchs–Shimizu, Michiyo. 2021. "Ōshū ni okeru keishō nihongo kyōiku no igi to jissen: fukugengo, fukubunka shakai ni okeru keishō nihongo kyōiku wo kōsatsu suru 欧州における継承日本語教育の意義と実践—複言語・複文化社会における継承日本語教育を考察する —" [Significance and Practice of Education on Japanese as a Heritage Language in Europe: Considering Japanese as a Heritage Language in a Plurilingual and Pluricultural Society]. En *Actas del Sexto Simposio de la Asociación de Profesores de Japonés en España*, editado por Kyoko Ito–Morales, 15–32. Madrid: Asociación de Profesores de Japonés en España.

Fukunaga, Natsuki. 2006. ""These Anime Students": Foreign Language Literacy Development through Japanese Popular Culture." *Journal of Adolescent & Adult Lietracy* 50 (3) :206–222. http://doi.org/10.1598/JAAL.50.3.5

He, Agnes Weiyun. 2010. "The Heart of Heritage: Sociocultural Dimensions of Heritage Language Learning." *Annual Review of Applied Linguistics* 30: 66–82. https://doi.org/10.1017/S0267190510000073

Ito–Morales, Kyoko. 2019a. "Estado actual y desafío del uso de TIC en la enseñanza de japonés como lengua extranjera. *ReiDoCrea* 8 (3): 141–157. https://doi.org/10.30827/Digibug.58479

———. 2019b. Visiting Enrollment at Japanese Primary School. *Revista de Educación de la Universidad de Granada* 26: 125–142. https://doi.org/10.30827/reugra.v26i0.144

Ito–Morales, Kyoko y Jerónimo Morales–Cabezas. 2019. "Inversión en la lengua de herencia: la práctica de escolarización de experiencia en Japón." En *Inclusión y diversidad: intervenciones socioeducativas*, editado por Mohammed El Homrani, Diego Enrique Báez Zarabanda e Inmaculada Ávalos Ruiz. Madrid, Barcelona: Wolters Kluwer. e–book.

Japan Foundation 国際交流基金. 2020a. "Supein (2020 nendo) Nihongo kyōiku kuni, chiikibetsu jōhō スペイン（2020 年度）日本教育　国・地域別情報" [España (2020) Educación de japonés, información por países y regiones]. Última modificación 2020. https://www.jpf.go.jp/j/project/japanese/survey/area/country/2020/spain.html

———. 2020b. *Survey Report on Japanese–language Education Abroad 2018*. Tokio: The Japan Foundation. https://www.jpf.go.jp/j/project/japanese/survey/result/dl/survey2018/Report_all_e.pdf

———. 2020c. *The Japan Foundation Annual Report 2019–2020*. Tokio: The japan Foundation. https://www.jpf.go.jp/e/about/result/ar/2019/pdf/dl/ar2019e.pdf

Keller, Ann. 2010. "Heritage Briefs.: What is a Heritage Language?" Última modificación 2010, https://www.cal.org/heritage/pdfs/briefs/What–is–a–Heritage–Language.pdf

Kim, Jung–In. 2017. "Immigrant Adolescents Investing in Korean Heritage Language: Exploring Motivation, Identities, and Capital." *The Canadian Modern Language Review* 72 (2): 183–207. https://doi.org/10.3138/cmlr.3334

Kondo–Brown, Kimi. 2001. "Heritage Language Students of Japanese in Traditional Foreign Language Classes: A Preliminary Empirical Study." *Japanese Language and Literature* 35 (2): 157–179. https://doi.org/10.2307/489695

Larson, Phyllis. 2006. "The Return of the Text: A Welcome Challenge for Less Commonly Taught Languages." *The Modern Language Journal* 90 (2): 255–258. https://www.jstor.org/stable/3876877

Leeman, Jennifer, Lisa Rabin, y Esperanza Ramón–Mendoza. 2011. "Identity and Activism in Heritage Language Education." *The Modern Language Journal* 95 (4): 481–495. https://doi.org/10.1111/j.1540–4781.2011.01237.x

Ministry of Education, Culture, Sports, Science and Technology, Japan 文部科学省. s.f. "Sekai no bogo jinkō 世界の母語人口" [Población mundial del hablantes de lenguas maternas]. Última modificación, s. f. https://www.mext.go.jp/b_menu/shingi/chukyo/chukyo3/004/siryo/attach/1379956.htm

OECD (2021), Gross Domestic Product (GDP) (indicator). Última modificacion 28 diciembre 2021, https://doi.org/10.1787/dc2f7aec–en

Okuda, Kunio 奥田邦夫 y Hisako Okuda 奥田久子. 2017. *Nihongo kyōiku no genjō* 日本語教育の現状 [El estado de la enseñanza de japonés]. Tokio: ALC Press.

Takamori, Akiko. 2015. ""Henna nihongo" (Strange Japanese): On the Linguistic Baggage of Racial Strangeness." *Japanese Language and Literature* 49 (2): 485–508. https://www.jstor.org/stable/24615148

The Japanese Society for Mother Tongue, Heritage Language, and Bilingual Education, s.f. "An Introduction to The Japanese Society for Mother Tongue, Heritage Language and Bilingual Education." Última modificación s.f. https://mhb.jp/about

PARTE I

Enseñanza de japonés como lengua extranjera

Capítulo 1

Préstamos lingüísticos en un contexto plurilingüe y pluricultural: Un análisis del uso del japonesismo en la narración de vida y en la docencia práctica.

Yuko Suzuki, Universidad de Complutense de Madrid y Universidad Autónoma de Madrid

Resumen

Manga, otaku, ikigai, etc., son préstamos lingüísticos de la lengua japonesa empleados en castellano no solo a nivel social, sino también a nivel individual. Es lo que se denomina el patrimonio lingüístico individual. Para investigar la relación que existe entre dicho patrimonio y la identidad, el plurilingüismo y el pluriculturalismo, en el presente artículo se analizan dos series de casos de estudio. Por un lado, se analizan las entrevistas desarrolladas a lo largo del año 2018 y el año 2019 a cinco españoles, y centradas en su narración de vida como estudiantes de larga duración (más de un año) en Japón. En estas entrevistas, realizadas en español, los colaboradores utilizaron sus propios préstamos lingüísticos japoneses, lo que nos ha permitido ver que la adquisición de estos está muy influida por su experiencia personal y sus valores individuales. Por otro lado, y poniendo particular énfasis en el concepto de mediación dentro de la propuesta del Marco Común Europeo de Referencia para las lenguas: aprendizaje, enseñanza y evaluación sobre las actividades de la docencia práctica, se analiza una serie de actividades en las que se pidió a estudiantes de japonés citar palabras y frases en lengua japonesa que usan en la vida cotidiana. En el presente estudio y utilizando como marco teórico el concepto de "traducción sin traducción" empleado por Pym (2014), se pretende mostrar que existe una tendencia común entre aquellos con una experiencia prolongada en Japón y los estudiantes no nativos de lengua japonesa a utilizar ciertas palabras basadas en su experiencia vital en su discurso como resultado del papel mediador que ha tenido la lengua japonesa en sus vidas diarias tanto en Japón como en el aula.

Palabras clave: plurilingüe, pluricultural, préstamo lingüístico, japonesismo, actividades de mediación

Introducción

Un ejemplo notable de la tendencia reciente de la introducción de vocabulario japonés en el español es la palabra *"ikigai"*. Según el diccionario Kojien la palabra *ikigai* expresa "la alegría de estar vivo". Este concepto comenzó a abrirse paso en Occidente a principios del siglo XXI con motivo de la popularidad de un texto del sociólogo Dan Buettener (2010) donde comentaba que la razón de la alta esperanza de vida en Okinawa era el *ikigai*. En España podemos ver un ejemplo de la popularidad de esta expresión en el libro *Ikigai: los secretos de Japón para una vida larga y feliz* publicado en el año 2016 por los autores e *influencers* Héctor García y Francesc Miralles, y que ha sido un éxito de ventas. En esta obra explicaban que la palabra *ikigai* estaba compuesta por los términos *iki* (vida) y *gai* (valer la pena), e incluye el sentido filosófico de "vivir siendo uno mismo". Dado que no existe un equivalente directo a esta expresión en español, concluyen los autores, resulta más conveniente usar la palabra tal cual en japonés.

Aunque este tipo de términos no tiene por qué labrarse un nicho forzosamente dentro del patrimonio lingüístico del español, obras como la presentada anteriormente muestran el poderío a nivel social, sobre todo en internet, de este tipo de préstamos lingüísticos a pesar de su carácter ocasional. Es por tanto imperativo investigar este tipo de palabras.

Según Kotobank[1] la expresión "préstamo lingüístico" tiene un amplio sentido (García Platero 2002; Suzuki 2007). Podemos entenderlo como un extranjerismo, arcaísmo o provincialismo, entre otras acepciones, que es adoptado por un sistema lingüístico pero procede de otro. El préstamo lingüístico frecuentemente proviene de una comunidad lingüística con mucha influencia en la política y la cultura de la sociedad de destino. En el caso de español, se pueden destacar los préstamos lingüísticos provenientes de las lenguas árabes, como son las expresiones relacionadas con la agricultura o la astronomía, los préstamos provenientes de las lenguas germanas, mayoritariamente asociados con el mundo de la filosofía y las ciencias, o los más recientes préstamos provenientes del inglés como consecuencia del fenómeno del internet. Naturalmente, existen también préstamos provenientes de la lengua japonesa. Estos préstamos lingüísticos son conocidos como "japonesismos" (Fernández–Mata 2017).

Rafael Fernández–Mata (2017) ha recogido japonesismos de artículos de periódico en Internet, tesis doctorales, diccionarios del español, entre otros documentos y los ha analizado. En 2016 confeccionó una lista de 92 japonesismos que aparecen en la tabla 1. No están escritos en alfabeto transcrito al japonés, sino que solo se ha tenido en cuenta el sonido de las palabras, por lo que han sufrido un

---

1. Consultado el 1–12–2021 https://kotobank.jp/word/%E5%80%9F%E7%94%A8%E8%AA%9E–75861.

proceso de "españolización". Se puede ver que la mitad está relacionada con las artes marciales, la comida japonesa, la guerra, la política o el arte.

Corpus de japonesismos actuales (2016) [92]				
aiquido	*catacana*	manga	saionaras	tanca
aiquidoca	catana	maque	samuray	tatami
anime	cen	*maqui*	saque	tempura
banzay	*coto*	micado	sasimi	*tepaniaqui*
biombo	*daimio*	*misubisi*	sen	*teriiaqui*
bonsay	dan	moxa	*siamisén*	tofu
bonzo	doyo	ninya	*siasu*	toiota
busido	futón	*ninyusu*	sintoísmo	toquiota
butó	guesia	nipón	siogun	uasabi
cabuqui	ien	*nori*	*siso*	umami
caicen	ipon	*nunchaco*	soja	yinco
camicace	iquebana	obi	sudocu	yudo
canyi	*iucata*	origami	sumo	yudoca
caquemono	*jaicay*	*otacu*	sunami	yudogui
caqui	jaicú	*poquemon*	*suquiiaqui*	yuyisu
caraoque	jaraquiri	*quendo*	surimi	*zacén*
carate	*jentay*	*querin*	*susi*	
carateca	*jiragana*	quimono	taicun	
catá	*iaquitori*	*requi*	tamagochi	

Tabla 1: Corpus de japonesismos actuales (Fernández–Mata 2017, 12).

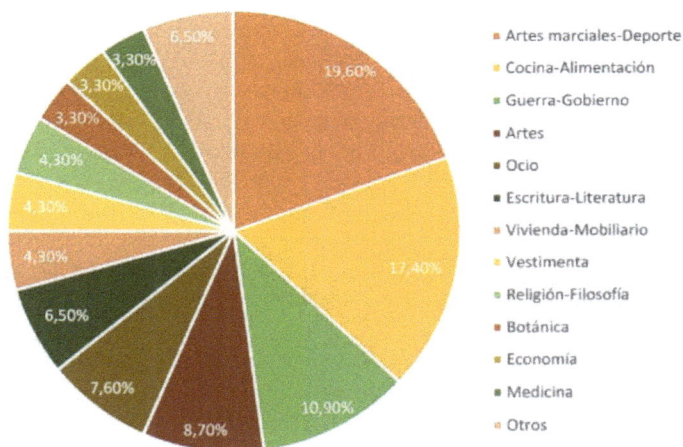

Figura 1: Áreas referenciales de los japonesismos (Fernández–Mata 2017, 20)

La investigación de Fernández–Mata se ocupa principalmente de las palabras que se han generalizado dentro del español y, por extensión, varias de ellas han sido integradas en la Real Academia Española, pero también hay préstamos lingüísticos originales, adoptados por individuos, que son usados como resultado de su propio plurilingüismo y pluriculturalismo. Dada la importancia de este fenómeno, el mismo se encuentra regulado por el estándar conocido como "narración de vida" que presentamos a continuación.

Plurilingüismo y pluriculturalismo

De 2018 a 2020 se llevó a cabo una serie de entrevistas a cinco españoles que habían realizado una larga estancia en Japón. Dichas entrevistas estaban centradas en la denominada "narración de vida" (en los estudios en inglés conocido como "*life story interview*"), que consiste en solicitar al entrevistado una explicación detallada de su experiencia en Japón. El objetivo de estas entrevistas era estudiar la influencia que tiene en la identidad del entrevistado el ambiente plurilingüista y pluriculturalista. Parte del estudio que presentamos aquí nace de la consciencia de que los colaboradores de las entrevistas realizadas en la investigación utilizan con frecuencia unos japonesismos determinados. Si bien es cierto que el entrevistador era japonés, y esto pudo ser un factor a tener en cuenta por parte del entrevistado a la hora de expresarse, creemos que los japonesismos utilizados por cada colaborador están muy relacionados con el ambiente plurilingüista y pluriculturalista que vivieron los entrevistados.

A continuación, vamos a explicar brevemente los conceptos de plurilingüismo y pluriculturalismo. En el año 2001 fue publicado por el Consejo de Europa como proyecto general de política lingüística el Marco Común Europeo de Referencia para las lenguas: aprendizaje, enseñanza y evaluación (a partir de ahora MCER). Se trata de una guía de referencia para todas las personas relacionadas con la enseñanza de lenguas (profesores, estudiantes y distintos profesionales de la administración de la enseñanza). El plurilingüismo es una de las características que define el concepto general de lengua dentro del MCER, y pone el foco en la capacidad de cada individuo para la comunicación lingüística. Cada individuo presenta unas habilidades que le permiten la adquisición de más de una lengua que, interaccionando entre sí, construyen el patrimonio personal lingüístico de ese individuo.

El plurilingüismo señala que la capacidad de comunicación de una persona no se limita a los conocimientos aprendidos en clase, sino que también se construye a través de la experiencia y el criterio individual. Esta experiencia lingüística viene dada por el lenguaje familiar, social y también por otras lenguas extranjeras que permiten al individuo experimentar al mismo tiempo la cultura que representan. Por lo tanto, estos conocimientos lingüísticos y experiencias culturales adquiridos no presentan una existencia compartimentada dentro del individuo, sino que interaccionan entre sí y, a través de la actividad, complementan al individuo.

En el MCER se señala al lenguaje como un elemento importante dentro de la cultura y, al mismo tiempo, como un medio imprescindible para la coexistencia de otras culturas en el individuo. Las competencias culturales dentro del pluriculturalismo, de la misma manera que en las competencias plurilingüísticas, no se consideran de manera individual y tampoco se conciben separadamente por países o regiones. Los diferentes aspectos culturales experimentados por el individuo se mezclan para constituir unas competencias culturales ricas y variadas. Naturalmente, las personas entrevistadas en este estudio no son una excepción a esta influencia a nivel lingüístico de su experiencia plurilingüista y pluriculturalista.

Marco metodológico para el análisis de entrevistas

Para explicar el uso que el individuo hace de una lengua, Pym (2014), dentro de su tesis *Exploring Translation Theories* sobre "traducción e interpretación", establece que es necesario prestar atención al proceso cultural de "traducción sin traducción" que sobrepasa la actividad lingüística limitada, por ejemplo, en la traducción de un texto determinado escrito o hablado. En su tesis centrada en el desarrollo de la hermenéutica dentro del paradigma de la indeterminación, este autor introduce el argumento de Jakobson de que "el significado de cualquier signo lingüístico es su traducción a algún otro signo alternativo" (1959, 127). Jakobson, en su artículo de 1959, define la traducción como un proceso, no como un producto, y presenta tres tipos de traducción ya mencionados. También Pym hace referencia al teórico italiano Eco, que clasificó de forma similar los movimientos de traslación entre sistemas de signos. Dice que su clasificación de la traducción nos permite contemplar un amplio espacio conceptual de "traducción sin traducción". Podemos considerar el empleo de los japonesismos que veremos a continuación como esta "traducción sin traducción".

Si tenemos que buscar un marco teórico para explicar el caso concreto del uso de japonesismos una posibilidad nos la ofrece Jakobson (1959, 127), que en su estudio sobre la traducción e interpretación cultural establece que existen tres tipos diferentes de procesos relativos al proceso traductor:

- La traducción intralingüística o renombramiento, que consiste en una interpretación de signos verbales a través de otros signos de la misma lengua.

- La traducción interlingüística o traducción propiamente dicha, que es una interpretación de signos verbales por medio de algún otro idioma.

- La traducción o transmutación inter-semiótica, que es una interpretación de signos verbales por medio de signos de sistemas de signos no verbales.

Trabajando sobre un tema similar, Eco (2000, 116) a la hora de analizar la variedad de interpretantes, establece cuatro formas potenciales:

a) Puede ser el significante equivalente (o aparentemente equivalente) en otro sistema semiótico. Por ejemplo, puede hacer corresponder el diseño de una silla con la palabra /silla/.

b) Puede ser el indicio indirecto sobre el objeto particular, que supone un elemento de cuantificación universal ("todos los objetos como éste").

c) Puede ser una definición científica o ingenua en términos del propio sistema semiótico (por ejemplo, /sal/ por /cloruro de sodio/ y viceversa.)

d) Puede ser una asociación emotiva que adquiera el valor de connotación fija (como /perro/ por "fidelidad" y viceversa.)

e) Puede ser la traducción de un término de un lenguaje a otro, o su substitución mediante un sinónimo

Veamos ahora casos concretos de uso de japonesismos en las entrevistas y cómo encajan dentro de las categorías establecidas por Jakobson y Eco.

1° caso de estudio: Entrevistas a personas que han realizado una larga estancia en Japón

El método de narración de vida empleado en estas entrevistas permite un enfoque constructivista, en el que lo que ha ocurrido en el pasado se reconstruye en la historia del presente, a la par que se describe el propio ambiente plurilingüista y pluriculturalista, permitiendo que las emociones, sentimientos y cambios de identidad de aquel momento se vuelvan a manifestar. Los sociólogos y psicólogos presentan la entrevista de narración de vida como método de investigación cualitativa. En esta investigación se van a tomar como base los comentarios de Miyo (2015, 3) sobre este tipo de entrevistas orientadas a la enseñanza del japonés, que establece que:

> Las entrevistas de narración de vida se analizan mediante un enfoque de diálogo constructivo. La historia que se extrae de la entrevista cuenta las experiencias del pasado del colaborador y desde ese "aquel momento, aquel lugar", el investigador y el colaborador, interactuando mutuamente, llegan a construir la historia del "aquí y ahora". Es necesario considerar que, durante la entrevista, el colaborador va relatando sus experiencias del pasado y con la interacción de éste y el entrevistador, se va reconstruyendo la historia y a la vez encontrándole sentido en

el presente. Observando cómo se ha reconstruido la historia, es posible comprenderla y aproximarse a la construcción subjetiva de la realidad social.

Las entrevistas se realizaron en castellano y se solicitó a los colaboradores que relatasen su narración de vida en español a lo largo de una o dos horas. Los datos de los colaboradores son los siguientes:

Tabla 2: Información sobre los colaboradores (Fuente: Elaboración propia)

Nombre	Sexo	Edad	Profesión	Estancia en Japón	Nivel de japonés	Países en los que ha residido incluyendo el propio (más de tres meses)	Lenguas que habla incluyendo la materna
A	M	50 cincuentena	Profesor	11años	Superior	2 países	3 idiomas
B	H	40 cuarentena	Profesor	8 años	Superior	4 países	4 idiomas
C	H	30 treintena	Profesor, Ingeniero	2meses x 5años	Intermedio	4 países	4 idiomas
D	H	40 cuarentena	Profesor	7 años	Superior	3 países	4 idiomas
E	M	30 treintena	Estudiante Profesor	4 años en total	Superior	2 países	3 idiomas

Después de la entrevista, todo lo que compartieron fue analizado a través de un software orientado a la minería de textos (KH Coder[2]), poniendo particular énfasis en la frecuencia con la que usaban el vocabulario y la relación entre las palabras, pudiéndose hacer así análisis general de todo el vocabulario empleado durante la entrevista. Después, se extrajeron del contenido de la conversación los japonesismos y se analizaron las razones por las que se usaban.

Los cinco colaboradores, por sus circunstancias personales de plurilingüismo y pluriculturalismo, usaron frecuentemente japonesismos. Además, nos percatamos de que esos japonesismos estaban relacionados con su historia, experiencia y valores morales.

---

2. Dicho software facilita la comprensión del uso del vocabulario introducido a través de la opción "Red de co–ocurrencias" que establece un vínculo entre las distintas expresiones utilizadas en función de la frecuencia y proximidad dentro del texto.

Resumen de las entrevistas

Caso de A

Estudió en Japón en los años 80. Después vivió en Japón 11 años. Se puede observar que ama Japón, se siente orgulloso de hablar japonés y tiene una fuerte influencia en su identidad.

Observando la figura resultante tras el análisis de la conversación a través de la minería de textos (Figura 2), se puede ver que los conceptos de "Japón", lo "japonés" y "España" permanecen próximos y, en algunos momentos, se suponen. En la entrevista, el interlocutor usó adjetivos diversos, tales como *kawaii* (encantador, mono), *kirei* (bonito, bello), *daijobu* (ausencia de problema, todo va bien) y *atatakai* (cálido). Además, todos los miembros de su familia utilizan la palabra *katachi* como A explica a continuación:

> por ejemplo, en mi familia es una cosa muy curiosa: mi madre y mi hermana usan la palabra *katachi*. Les encanta la palabra *katachi*. Y además la usan con el significado de *katachi*. «Es que esta *katachi* no me gusta». «Es que sí, claro, esa *katachi*, bueno…». Lo dicen mucho porque nos lo han oído a mi hermano y a mí y se han quedado con ello.

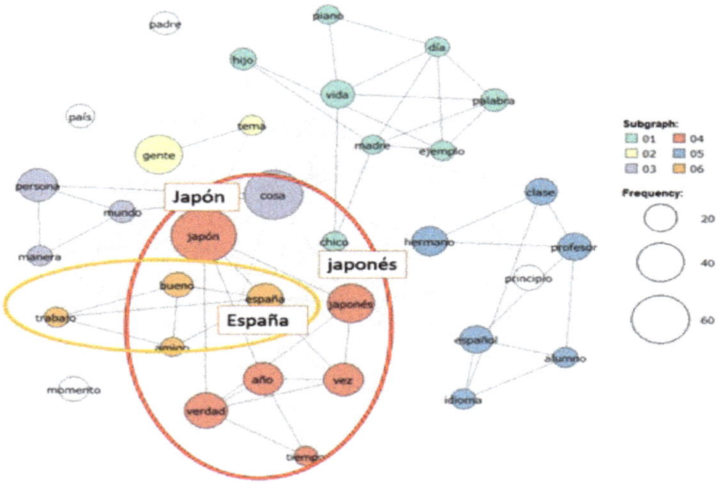

Figura 2: Resumen gráfico de la entrevista con el colaborador A (Fuente: Elaboración propia)

Caso de B

B vivió en varios países y después estuvo 8 años en Japón. En la entrevista, el colaborador habló bastante de lo duro que fue el aprendizaje del japonés. Al ver el gráfico resultante a través de la minería de textos (Figura 3) se puede entender que la vida en Japón y el estudio de su especialidad están muy vinculados con su aprendizaje del japonés.

Sus japonesismos personales están en gran medida relacionados con el aprendizaje del japonés, por ejemplo, *waseieigo* (inglés japonesizado), *kikitori* (comprensión oral) y *hentaigana* (silabarios antiguos). En particular *keigo* (términos de respeto) fue la palabra que usó con mayor frecuencia, y al preguntarle el motivo dijo que no hay en español una palabra para referirse a estos términos japoneses que expresan las complejas relaciones jerárquicas y humanas de la sociedad japonesa, y que, dentro del estudio del japonés, es la parte que más les cuesta aprender a los extranjeros. Por diversas razones y por su percepción personal no puede traducir esta palabra y piensa que es más cómodo decirlo en japonés. Además, esta palabra solo tiene tres sílabas y es cómoda de usar.

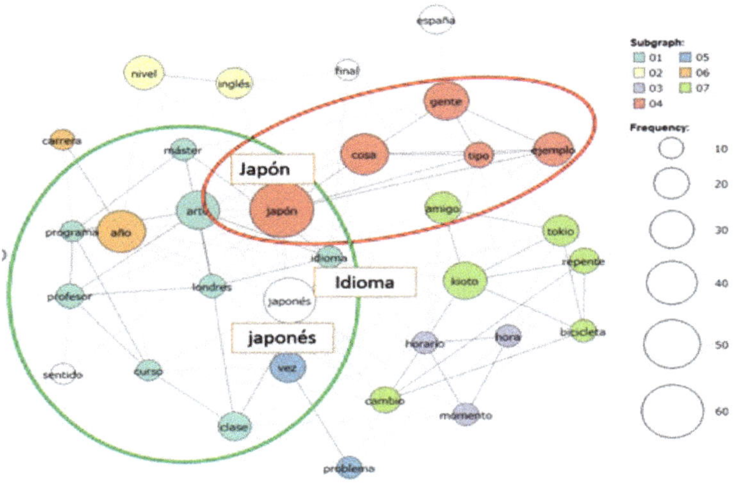

Figura 3: Resumen gráfico de la entrevista con el colaborador B (Fuente: Elaboración propia)

Caso de C

C empezó a estudiar japonés hace 8 años, pero desde hace cinco años va todos los veranos durante dos meses a trabajar a Japón. Observando el gráfico resultante con la minería de textos (Figura 4) se puede entender que C muestra mucho interés en los aspectos culturales y los compara con la cultura y las costumbres españolas.

Utiliza frecuentemente palabras como *matsuri, mochitsuki, taiko, senpai, kōhai, sarariiman*, etc., todas ellas relacionadas con la cultura y la sociedad japonesas.

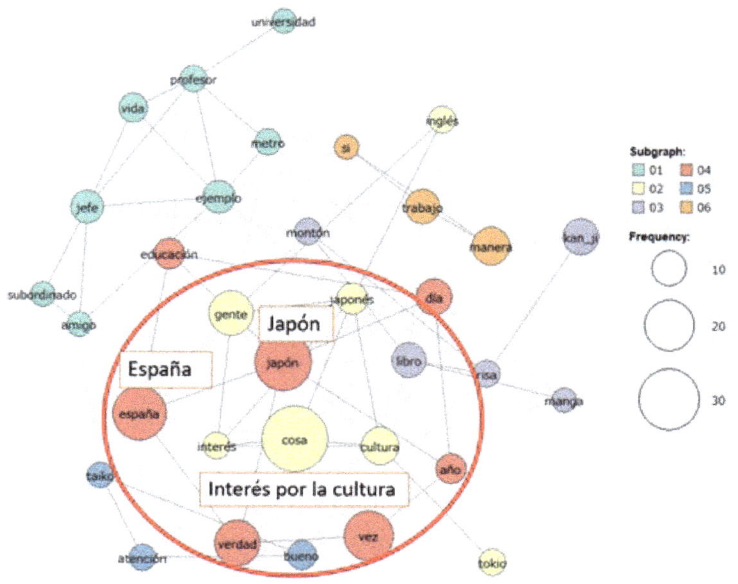

Figura 4: Resumen gráfico de la entrevista con el colaborador C (Fuente: Elaboración propia)

Caso de D

Estuvo 7 años en Japón y durante esta estancia estuvo haciendo una investigación. En la entrevista llama la atención su consideración de sus experiencias sociales en Japón, incluyendo la universidad y las relaciones humanas. Usa muchas palabras japonesas como *shichifukujin* (los siete dioses de la fortuna), *minzokugaku* (folclore), *mukashibanashi* (historias antiguas), relacionadas con las especialidades que él investigaba.

Le pregunto por qué usa tanto la palabra *rekishi* y dice que de manera inconsciente se refiere a la Historia de Japón con esa palabra en japonés para diferenciarla de la Historia de Occidente que él denomina "historia".

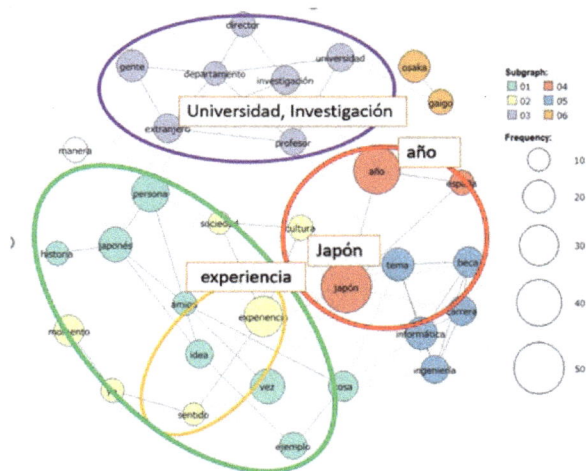

Figura 5: Resumen gráfico de la entrevista con el colaborador D (Fuente: Elaboración propia)

Caso de E

Estuvo en total unos cuatro años en Japón, y aunque no es mucho tiempo, desde los 13 años estaba familiarizado con el japonés mediante el anime y las series. Estudió de manera autodidacta mucho tiempo y se puede decir que su japonés es del nivel de un nativo.

El gráfico resultante a través de la minería de textos (Figura 6) nos dice que, de manera global, Japón y la lengua japonesa influyen en su relación con las personas. Además, habla mucho de los diversos problemas que tuvo en la vida cotidiana. Sus japonesismos más usados son *mendokusai* (me da pereza), *haraguroi* (solapado, taimado), *ijime* (acoso, maltrato) y *shiyoganai* (no tiene remedio). Son palabras relacionadas con las relaciones humanas y los conflictos que D dice directamente en japonés.

Uno de estos japonesismos, *haraguroi* (solapado, taimado) lo usaban sus compañeros de trabajo refiriéndose al jefe. Ella lo buscó en el diccionario y aprendió la palabra. No se puede traducir al español (literalmente significa tripa negra) y por eso usa el término japonés en España.

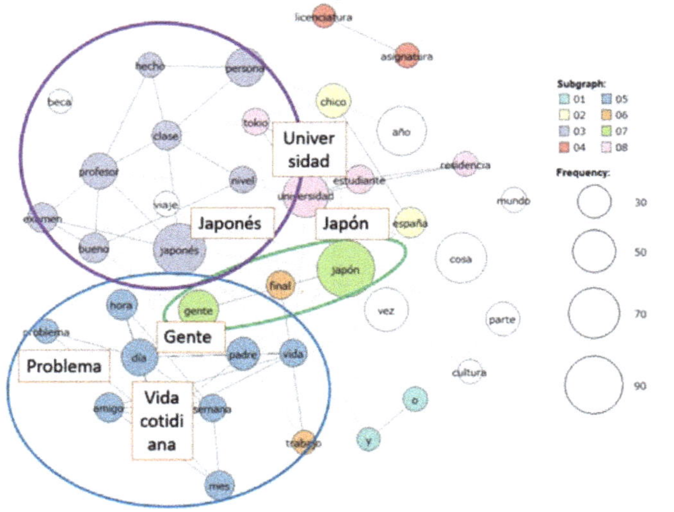

Figura 6: Resumen gráfico de la entrevista con el colaborador E (Fuente: Elaboración propia)

Análisis de las entrevistas

En el contexto del plurilingüismo y el pluriculturalismo, con respecto al uso de japonesismos como una manifestación del uso particularizado de la lengua japonesa por parte de hablantes no nativos, podemos señalar tres características:

1) Abundan las palabras que no tienen una traducción clara al español que se refieren a aspectos culturales característicos de Japón y por tanto son muy usadas. Por ejemplo, *senpai* (alumno o compañero de cursos superiores o con más años de experiencia en la institución), *kōhai* (alumno o compañero de cursos inferiores o con menos años de experiencia en la institución) utilizando por C y *haraguroi* (solapado, taimado, lit. "una persona con tripas negras".) utilizado por E son unos ejemplos de ello.

2) Hay una fuerte influencia de la historia, vida y valores del individuo en el proceso de selección del vocabulario a utilizar. En el caso de B esto ocurre con *keigo* (lenguaje de respeto), y en el caso de D *rekishi* (historia).

3) También hay casos de palabras que se usan en un contexto individual y con una interpretación personal, como por ejemplo en el caso de A que usa la palabra *katachi* en su sentido de forma y no de figura. *Keigo* en B y *rekishi* en D también se caracterizan por el significado de las palabras en su contexto personal, más que por su significado literal.

De las tres características señaladas, la primera puede considerarse un rasgo que se encuentra a menudo en los préstamos del japonés al español. Este es también el caso de la palabra *ikigai*, mencionada anteriormente. Sin embargo, en el caso de 2 y 3, se trata de préstamos individuales característicos del fondo plurilingüista y pluriculturalista del individuo en el que se utilizan. Podemos ver en ellos la intención de los individuos que se atrevieron a traducir sin traducir. El uso personalizado de estos japonesismos coincide con la forma potencial d establecida por Eco (2000), una "asociación emotiva que ha adquirido el valor de connotación fija." Eco, a diferencia de Jakobson (1959), da particular énfasis al elemento emotivo como parte esencial del proceso de traducción, lo cual se acerca más a los casos que hemos presentado anteriormente; sobre todo en el caso de los colaboradores A, B y D. La interpretación específica de A de *katachi* como forma, la afirmación de B de que *keigo* tiene un trasfondo cultural japonés especial que no puede expresarse solo con el término de respeto en español, el hecho de que D identifique claramente a *rekishi* como historia de Japón y lo distinga de la historia occidental sugieren que el japonés como japonesismo se está utilizando como una "traducción sin traducción" en el sentido amplio introducido por Pym (2014).

2° Caso de estudio: Actividades de mediación en el aula con préstamos lingüísticos como tema

Al considerar que los japonesismos se podrían redefinir como un método de "traducción sin traducción", se puede destacar la teoría desarrollada por Pym que considera mediación y traducción sin traducción como manifestaciones del mismo fenómeno. Por ejemplo, en alemán hay un concepto superior a traductor e intérprete que se expresa con "sprachmitler" (mediador lingüístico) (Pym 2014, 369) La palabra "mediación" es un término genérico que expresa una amplia capacidad para la comunicación entre lenguas, trascendiendo la mera idea de traducción. Los especialistas en segunda lengua en Alemania actualmente consideran que la mediación es el acto de usar dos lenguas haciendo posible una comunicación general y completa de ambas. Por ejemplo, mediación incluye la transmisión del resumen de un texto escrito en una lengua extranjera, desde la guía turística a la traducción escrita estricta. En base a esta concepción, Pym criticó la publicación del MCER en 2001 en la que se mostraba una interpretación de mediación limitada a la traducción. Dice que la mediación es una actividad de comunicación más dinámica de lo establecido hasta la fecha y que los profesionales de la enseñanza de lenguas en Alemania utilizan como sinónimo de mediación el concepto de "traducción sin traducción" (Pym 2014, 368–371). Queda por saber si en la publicación de 2020 del Marco Común Europeo de Referencia para las lenguas: aprendizaje, enseñanza y evaluación, Volumen Complementario (a partir de ahora MCER–VC) se ha tenido en cuenta la opinión de Pym.

En este punto, y teniendo en cuenta las dos palabras clave mediación y japonesismo, se han realizado una serie de actividades en una clase de lengua japonesa para ver de qué manera los estudiantes usan los japonesismos, dentro del ambiente plurilingüista y pluriculturalista en el que aprenden la lengua japonesa, y en qué actividades de mediación emplean dichos japonesismos. Para ello, se pidió a los estudiantes que explicasen la utilización de japonesismos usados en base a las propias experiencias para transmitir algo a los españoles que no saben japonés, poniendo el foco en el desarrollo de ideas mediante conceptos, todo ello dentro de las actividades de mediación de MCER–VC.

De febrero a abril de 2021, durante tres meses, se llevó a cabo esta clase práctica a través de tareas en casa con 17 estudiantes de nivel B1 del Centro Superior de Idiomas Modernos de la Universidad Complutense de Madrid.

Los estudiantes empezaron presentando los japonesismos que usaban frecuentemente en la vida cotidiana y que previamente habían pensado en grupo. Muchos de los japonesismos que citaron estaban en la tabla de los que aporta Fernández–Mata en su investigación. Sin embargo, también salieron expresiones típicas de anime y manga como *nanikore* (qué es eso), *yabai* (puede significar qué guay o qué fastidio), *shiyoganai* (qué le vamos a hacer) y *ganbatte* (ánimo).

Después, los estudiantes tuvieron que debatir sobre cómo se puede explicar a los españoles el significado de esas expresiones, reflexionar sobre el significado y concepto de las mismas, por qué las utilizan y cómo tienen que explicarlas para que les entiendan. Luego, basándose en lo que habían pensado en la clase, tuvieron que escribir en casa una redacción con el tema "cómo transmites a tus amigos el japonés que usas". Por último, tuvieron que leer las redacciones escritas por los compañeros compartidas en una plataforma virtual llamada *Moodle*. Estos son dos ejemplos de redacciones:

Redacción del estudiante F

"Cómo transmites a tus amigos el japonés que usas"[3]

---

3. 『あなたの使っている日本語、友だちにどう伝える？』
スペインの生活の中でよく使う日本語 は「別腹」です。3 年前に、彼氏がお兄さんの結婚式のために日本に行きました。帰ってきた彼は「日本人には胃が二つあることを知っている？」と聞きました。冗談だと思って笑っていると「別腹」という表現の意味を説明してくれました。別腹は甘いものを食べるための腹です。食べ過ぎた後「もう食べられない」と思っても、美味しいデザートを見ると、気持ちが変わって、もう少し食べられるようになります。だから、甘いものを食べる腹のことを「別腹」と言います。今では、レストランに行くときは彼氏とこの言葉を使っています。例えば、夕食後に「別腹は？」と聞きます。面白いですけど、友達と一緒に行くとこの表現がわからないので、「Siempre hay hueco para el postre」という意味だと説明してあげます。

El japonesismo que uso mucho en mi vida en España es *betsubara*. Hace tres años mi novio fue a Japón a la boda de su hermano. Cuando volvió me preguntó si yo sabía que los japoneses tienen dos estómagos. Pensando que era una broma me reí y él me explicó el significado de esta palabra: es un estómago solo para los dulces. Aunque se haya comido demasiado y se piense que ya no se puede comer más, al ver un postre apetecible se cambia de opinión y se come, por eso se dice que es un estómago aparte para los dulces.

Ahora, cuando voy con él a un restaurante uso esta palabra. Por ejemplo, después de la cena le pregunto ¿*betsubara*? Es curioso, pero cuando vamos con amigos, ellos no lo entienden y les explico que significa "siempre hay hueco para el postre". (Texto original en japonés, traducido por el autor).

Redacción del estudiante G

"Cómo transmites a tus amigos el japonés que usas"[4]

En mi vida cotidiana uso diferentes *japonesismos*. Cuando practico kendo también los uso. Por ejemplo, *chudan* (espada en posición media), *kamae* (en guardia), o los números del 1 al 10. Pero la palabra más usada es *hai* (sí). Como en la clase uso mucho esta palabra, también lo hago fuera. Los amigos lo confunden con la palabra inglesa *hi* y piensan que estoy saludando. Entonces les explico que este *hai* no es inglés sino japonés y que significa sí y también entendido. (Texto original en japonés, traducido por el autor).

Análisis preliminar de la clase práctica

En esta ocasión los estudiantes han realizado actividades de mediación en español, pero esta experiencia la repitieron en las redacciones en japonés y tuvieron oportunidad de reflexionar de manera lógica sobre la construcción gramatical.

Tras consultar con el profesor y terminar las redacciones, compartieron estas por *Moodle*. Antes de comentarlas en clase se les pidió que leyesen las de sus compañeros. Esta vez, se ha intentado utilizar japonesismos para actividades de mediación, pero en la próxima actividad, se tratará de profundizar en el proceso de

---

4.『あなたの使っている日本語、友だちにどう伝える？』
自分の生活の中で、色々な日本語の言葉を言う。剣道でも少し日本語を使う。例えば「中段」とか「構え」とか「一から十までの番号」とか… しかし、一番よく使う言葉は「はい」だ。この言葉を剣道の授業で毎日たくさん言うから外でも言ってしまう。人々はいつも「はい」と「英語の Hi」を混同するから、大変だ。皆「私があいさつをしている」と思ってしまう。その時、私はつぎのように説明する。
「この「はい」は英語じゃありません！日本語です。日本語で「Sí」という意味です。それに「entendido」という意味もあるんです。」

utilización de japonesismos en los sentimientos de los usuarios y en otros aspectos internos, y reflexionar junto con los alumnos sobre el papel de los préstamos lingüísticos en la mediación como una traducción sin traducción.

Conclusión y futuras investigaciones relacionadas con los préstamos lingüísticos

En esta investigación se ha puesto el foco en qué tipo de préstamos lingüísticos del japonés se usan según el fondo plurilingüista y pluriculturalista del individuo. Creemos que se puede concluir que los préstamos lingüísticos son una de las actividades lingüísticas de "traducción sin traducción". Si, como propone Pym, la traducción sin traducción está asociada a la mediación, no sería exagerado decir que las palabras prestadas desempeñan un papel mediador en la actividad lingüística comunicativa.

Los préstamos lingüísticos que usa el individuo de manera original, como se ha analizado en el apartado cuatro, pueden clasificarse dentro de los tres tipos de traducción de Jakobson introducidos como casos de traducción interlingüística o traducción propiamente dicha, que es una interpretación de signos verbales por medio de algún otro idioma (número 2). Y en la interpretación que señala Eco, pueden interpretarse como una asociación emotiva que adquiera el valor de connotación fija (como /perro/ por "fidelidad" y viceversa.) (letra d). Además, si definimos el japonesismo como un caso de "traducción sin traducción", podemos decir que los japonesismos desempeñan un papel mediador en las actividades lingüísticas comunicativas. En el proceso de mediación, tal y como se define en el MCER–VC, *el/la usuario/a y/o aprendiente actúa como un/a agente social que tiende puentes y facilita la construcción o la transmisión de significados, ya sea dentro de la misma lengua, entre diferentes modalidades lingüísticas* (MERC, "Mediation" 2020, p.103). En la actividad en el aula presentada en la página veintiséis centrada en utilizar el japonés como préstamo lingüístico, se pidió a los alumnos que se fijaran en el japonés que utilizan inconscientemente en su vida cotidiana y que reflexionaran sobre cómo han comunicado este japonés a los demás en forma de ensayos.

En el futuro, nos gustaría considerar qué tipo de actividades de intermediación pueden llevar a cabo los alumnos como un/a agente social, en forma de traducción en ausencia de traducción, por ejemplo, refiriéndome a la tercera definición de Jakobson. Es decir, "la traducción o transmutación inter-semiótica es una interpretación de signos verbales por medio de signos de sistemas de signos no verbales", y la primera y segunda definición de Eco: (letra a) "Puede ser el significante equivalente (o, por ejemplo, puede hacer corresponder el diseño de una silla con la palabra /silla/" y (letra b) "Puede ser el indicio sobre el objeto particular, que supone un elemento de cuantificación universal ('todos los objetos como éste')". Se espera poder demostrar, mediante actividades en el aula con los alumnos, varias hipótesis, como el hecho de que la traducción en ausencia de ella representa un papel importante en las actividades de mediación, y que esto varía según el fondo plurilingüista y pluriculturalista del individuo.

REFERENCIAS

Bargueño, Miguel Ángel. 2017. "Ikigai: la filosofía de vida de los japoneses que a los 100 años." *El País*, el 30 de noviembre de 2017.
https://elpais.com/elpais/2017/10/31/buenavida/1509440484_558515.html

Buettner, Dan. 2010. "Como vivir para llegar a los 100 años." Firmado el 19 de febrero de 2010 en TED Talk. Video, 19:23.
https://www.ted.com/talks/dan_buettner_how_to_live_to_be_100/transcript?language=es

Council of Europe. 2020. *Common European Framework of Reference for Languages: Learning, Teaching, Assessment. Companion volume.* Strasburg: Council of Europe Publishing.

Eco, Umberto. 2000. *Tratado de semiótica general.* Traducido por Carlos Manzano. Barcelona: Lumen.

Fernández–Mata, Rafael. 2017. "Los japonesismos del español actual." *Revista de Filología de la Universidad de la Laguna* 35: 149–168.

García, Héctor, y Francesc Miralles. 2016. *Ikigai: los secretos de Japón para una vida larga y feliz.*: Barcelona: Urano.

García Platero, Juan Manuel. 2002. El préstamo lingüístico en la enseñanza de las lenguas: problemas de etnocentrismo. En Actas del XIII Congreso Internacional de la Asociación para la Enseñanza del Español como Lengua Extranjera, ASELE, editado por Manuel Pérez Gutiérrez y José Coloma Maestre, 327–336. Madrid: Centro Virtual Cervantes.
https://cvc.cervantes.es/ensenanza/biblioteca_ele/asele/pdf/13/13_0327.pdf

Jakobson, Roman. 1959. "On Linguistic Aspect of Translation." En *The Translation Studies Reader*, editado por Lawrence Venuti, 113–118. London: Routledge.

Kawahara, Kiyoshi 河原清志. 2011. "Gaisetsusho ni miru honyakugaku no kihon ronten to zentaiteki taikē" 概説書に見る翻訳学の基本論点と全体的体系 [Puntos básicos y sistema general de los estudios de traducción en la visión general]. Honyaku Kenkyū eno shōtai 翻訳研究への招待 [Invitación a la investigación de traducción] 5: 53–80.
http://honyakukenkyu.sakura.ne.jp/shotai_vol5/03_vol5–Kawahara.pdf

Kotobank. n.d. "Shakuyōgo" 借用語 [términos prestados]. Consultado el 1 de diciembre de 2021
https://kotobank.jp/word/%E5%80%9F%E7%94%A8%E8%AA%9E–75861

Ministerio de Educación, Cultura y Deporte. 2002. Marco común europeo de referencia para las lenguas: aprendizaje, enseñanza, evaluación. Madrid: Subdirección General de Cooperación Internacional para la edición impresa en español.
https://cvc.cervantes.es/ensenanza/biblioteca_ele/marco/cvc_mer.pdf

Miyo, Jyunpei 三代純平. 2015. Nihongo kyōikugaku to shite no raifu sutōrii 日本語教育学としてのライフストーリー [Narración de vida como forma de enseñanza de la lengua japonesa]. Tokio: Kuroshio shuppan.

Okumura, Minako 奥村三菜子, Sakurai 櫻井直子, y Yuko Suzuki 鈴木裕子. 2016. *Nihongo kyōshi no tame no CEFR* 日本語教師のための CEFR [CEFR para los profesores de japonés]. Tokio: Kuroshio Shuppan.

Pym, Anthony. 2014. *Exploring Translation Theories 2nd Edition.* New York: Routledge.

Sakurai, Atsushi 桜井厚, y Tazuko Kobayashi 小林多寿子. 2018. *Raifu sutōrii intabyū shitsuteki kekyū nyūmon* ライフストーリーインタビュー質的研究 [Introducción a la investigación cualitativa sobre entrevistas de relato de vida]. Tokio: Serika Shobo.

Suzuki, Shunji 鈴木俊二. 2007. *Shakuyōgo no kenkyū: riron to jissen* 借用語の研究–理論と実際 [El estudio de los préstamos lingüísticos – teoría y práctica]. Tokio: Dhii Thii Bii shuppan.

Capítulo 2

Actitudes sobre el aprendizaje autónomo en el aula de japonés: propuesta de desarrollo y aplicaciones para la traducción

Daniel Ruiz Martínez, Universidad de Salamanca

Resumen

Este trabajo presenta un experimento piloto de planificación didáctica realizada por los estudiantes de una clase de lengua japonesa. El objetivo del experimento fue fomentar entre los participantes la competencia de aprendizaje autónomo mediante la toma de decisiones independientes y la adopción de una perspectiva crítica sobre la organización de las clases. En concreto, dos grupos de estudiantes de japonés de niveles A1 y A2 de Marco Común Europea de Referencia (MCER) llevaron a cabo la planificación de sendas unidades didácticas tomando como base una lección completa de los libros de texto *Minna no nihongo*. El experimento consistió en tres fases. La primera fue la planificación de la unidad a partir de los objetivos de tipo *Can–do* fijados en el plan de estudios del curso, en la que se prestó atención a la selección de las actividades específicas y al orden de ejecución. La segunda fase fue la ejecución del plan acordado. En la tercera y última fase los estudiantes reflexionaron sobre los resultados de su diseño y aprendizaje. En general, los resultados mostraron que la actividad sirvió para aumentar la consciencia de los estudiantes sobre su propio proceso de aprendizaje y para ganar consciencia sobre su autonomía. Paralelamente el experimento ahondó en las opiniones y actitudes de los participantes con respecto al aprendizaje autónomo, con vistas a aplicar los resultados entre estudiantes de traducción de japonés.

Palabras clave: aprendizaje autónomo, diseño curricular, traducción.

Competencia de aprendizaje autónomo
y diseño de unidades didácticas

El aprendizaje de lenguas extranjeras es uno de elementos indispensables de la formación de traductores e intérpretes. En este contexto, el aprendizaje de un idioma como el japonés exige a los estudiantes hispanohablantes un esfuerzo a largo plazo que trasciende de las propias aulas y en el que la competencia de aprendizaje autónomo se presenta como una de las más importantes. Entre las múltiples definiciones que existen de la competencia de aprendizaje autónomo se puede destacar por su claridad y brevedad la de «capacidad de gestionar el propio aprendizaje» (Holec 1981, 3). Cuando hablamos del aprendizaje autónomo, básicamente nos referimos a un proceso consciente y no espontáneo, en el cual la figura del aprendiente es un elemento activo, ya que esta capacidad surge de «la voluntad de tomar decisiones y de asumir la responsabilidad de las decisiones tomadas» (Giovannini et al. 2003, 25). El concepto de autonomía está estrechamente relacionado con el «aprender a aprender» (Dickinson 1987) y con la «capacidad del alumno para reconocer su proceso de aprendizaje, aumentando así su eficacia, su rendimiento y el control sobre el mismo» (Martín Peris et al. 2008). Todo ello permite a los estudiantes utilizar y desarrollar estrategias metacognitivas y adoptar una reflexión más profunda y crítica de su propio aprendizaje, de los procesos y de las estrategias utilizadas.

Según el Marco Común Europeo de Referencia para las Lenguas, el aprendizaje autónomo permite a los estudiantes ser más capaces de adoptar sus propias decisiones y se puede potenciar si se les da la oportunidad de elegir «los objetivos, materiales y métodos de trabajo en función de sus propias necesidades, motivaciones, características y recursos» (Council of Europe 2002, 141–142).

Para fomentar el aprendizaje autónomo, el profesor se reorienta hacia el «*advising*» y su rol pasa de enseñar la lengua a aconsejar acerca del aprendizaje y a desarrollar destrezas de negociación (Mozzon–McPherson y Vismans 2001; Morrison y Navarro 2012). El desarrollo de habilidades de aprendizaje autónomo requiere que los estudiantes se responsabilicen de su propio aprendizaje, tomen decisiones y negocien con el profesor en relación con los siguientes aspectos (Martín Peris et al. 2008):

1. Identificar las necesidades de aprendizaje y los objetivos
2. Fijar la duración del estudio
3. Seleccionar el contenido y la secuenciación
4. Seleccionar los materiales didácticos
5. Entrenarse en técnicas y estrategias de aprendizaje
6. Realizar la autoevaluación.

La hipótesis general es que el propio proceso de negociación de estos aspectos con el profesor o la institución es un mecanismo para aumentar la autonomía del estudiante o, al menos, para que tome consciencia de su propio aprendizaje. Este trabajo ahonda en estas cuestiones mediante un caso práctico de diseño de una unidad didáctica por parte de los estudiantes y sus posibles aplicaciones en el ámbito del aprendizaje del japonés de la formación de traductores.

Objetivo

El objetivo de este estudio fue fomentar la consciencia sobre el aprendizaje autónomo mediante la realización de un experimento práctico que pusiera en el punto de mira la competencia de aprendizaje autónomo entre los estudiantes de japonés como lengua extranjera. Para ello, se tomó como objeto la estructura o secuenciación de los componentes de una unidad didáctica y las opiniones y actitudes de los estudiantes sobre el aprendizaje autónomo. Con todo ello se pretendió que los estudiantes fueran capaces de tomar decisiones independientes y adoptaran una visión crítica con respecto a la estructura de la clase.

Metodología

El experimento consistió en solicitar a un grupo de estudiantes de japonés que diseñara una unidad didáctica para que posteriormente el profesor la pusiera en práctica en su misma clase.

El experimento se llevó a cabo entre estudiantes del Centro Cultural Hispano–Japonés de la Universidad de Salamanca (España). El periodo de ejecución del experimento se prolongó entre los meses de abril y mayo de 2017. El número total de participantes fue de 13 estudiantes, los cuales estaban divididos en dos niveles: A1 (6 estudiantes) y A2 (7 estudiantes).

En cuanto a los recursos didácticos, se emplearon los que estaban en el plan de estudios de la institución y que los estudiantes habían venido utilizando durante todo el curso académico: específicamente, en el nivel A1 se usó la lección 25 del libro *Minna no nihongo I*, mientras que en el nivel A2 se empleó la lección 37 del libro *Minna no nihongo II*. En la lección 25 (A1), el plan de estudios recogía los siguientes tres objetivos o *Can–do* generales:

- *Can–do* 1: Expresar condiciones
- *Can–do* 2: Contar sucesiones de acciones (inmediatamente consecutivas)
- *Can–do* 3: Expresar una paradoja

Por su parte, para la lección 37 (A2) el plan de estudios planteaba los siguientes tres objetivos:

- *Can–do* 1: Contar sucesos generales de los que uno es protagonista

- *Can–do* 2: Contar sucesos negativos
- *Can–do* 3: Entender explicaciones de datos informativos

En este experimento, el apoyo del profesor fue de tipo procesal (*procedural autonomous support*) (Stefanou et al. 2004) y, tomando como referencia los distintos enfoques que propone Benson (2011, 123–196), el experimento estuvo orientado a los recursos (los materiales didácticos en este caso) y a la clase. Se excluyó el enfoque del plan de estudios porque no era posible permitir a los estudiantes tomar de decisiones al respecto en la etapa del curso en cuestión, dado el contexto de un plan de estudios ya acordado en la institución donde tuvo lugar el experimento.

Concretamente, los estudiantes pudieron decidir libremente sobre los tres siguientes asuntos: el tipo de actividades que harían, el orden en que se ejecutarían y la forma en que se ejecutarían.

El experimento constó de las siguientes tres fases:

- Fase 1: Presentación del experimento y diseño
- Fase 2: Ejecución del plan desarrollado
- Fase 3: Evaluación y reflexión

Las opiniones y actitudes de los estudiantes se midieron al término de las fases 1 y 3 mediante sendos cuestionarios y debates. En los formularios, se empleó una escala de Likert de cinco niveles.

Desarrollo y resultados

A continuación, se detallan la ejecución de cada una de las fases del experimento y los resultados obtenidos.

Fase 1

Esta fase inicial consistió en explicar a los estudiantes el funcionamiento y objetivo del experimento para que, seguidamente, realizaran un diseño de una lección divididos en grupos de trabajo reducidos. Esta primera frase se desarrolló de acuerdo con el siguiente flujo:

a. Presentación del experimento
b. Introducción a la enseñanza de lenguas extranjeras
c. Tarea 1: Planificación individual de las clases
d. Tarea 2: Debate colectivo y propuesta de plan

Tras la presentación del experimento (a), los estudiantes recibieron una pequeña introducción a la enseñanza de lenguas extranjeras (b). Esta se centró especialmente en la competencia comunicativa y su objetivo principal fue facilitar a los estudiantes algunos conocimientos generales con los que poder afrontar las siguientes tareas. Para ello, se presentaron principalmente las claves básicas de los Estándares para la enseñanza de la lengua japonesa de la Fundación Japón (JF Standard), utilizando como referencia el árbol de los Estándares de la Fundación Japón (The Japan Foundation 2010, 4–5), mostrado en la figura 1.

Figura 1: Árbol de los Estándares de la Fundación Japón, con diversas actividades y competencias numeradas y clasificadas por colores (The Japan Foundation 2020, 4–5).

Este recurso se manifestó como uno de los más útiles, ya que representa de manera visual y compacta los diferentes bloques de actividades y competencias. En este aspecto, se incidió en los bloques de actividades de comprensión (azul en el árbol), expresión (rojo), interacción (verde) y comunicación (marrón, en las raíces del árbol). Dada su relativamente baja relevancia con respecto a los contenidos que debían tratarse en las unidades seleccionadas, dentro de las competencias comunicativas se incidió más en las lingüísticas, en detrimento de las sociolingüísticas o pragmáticas, cuya abstracción también resulta más compleja de comprender y podría resultar contraproducente para un experimento de estas dimensiones.

En la tarea 1 (c), los estudiantes tuvieron que diseñar tres lecciones o jornadas con una duración de 70 minutos para la primera y segunda y de 50 minutos para la tercera, de manera que cubrieran la totalidad de la unidad didáctica. Para ello, se les proporcionó un listado con actividades tanto del libro de texto principal, como de materiales complementarios previamente preparados y de los que disponían desde el inicio del curso. Este listado se organizó siguiendo el orden de aparición de cada actividad en los libros de texto y en los materiales complementarios. A modo de ejemplo, la figura 2 muestra un fragmento del listado facilitado a los estudiantes del nivel A1.

Cód	Nombre	Pág	Can-do	Categ.	Descripción	Breve (min)	Larg. (min)
01	Vocabulario	-	-	42	Leer lista de vocabulario	1	2
02	Gramática	-	-	41	Leer las explicaciones gramaticales	1	-
LIBRO PRINCIPAL							
03	Bunkei	212	-	1, 46	Dictado	5	7
04	Reibun	212	-	6	Ejercicio de puzle	8	11
05	Kaiwa	213	1, 3	2	Escuchar la conversación	2	-
06				6, 22	Leer la conversación	4	5
07				12, 45	Practicar repetición	2	3
08				12, 45	Practicar shadowing	2	3
09				27	Contestar preguntas acerca de la conversación	2	3
10				20	Teatralización/Reproducción en parejas	15	20
11	Renshu A1	214	-	41	Esquema de formas verbales, adjetivales y nominales	2	3
12	Renshu A2	214	1	41	Esquema de frase con condición	1	2
13	Renshu A3	214	2	41	Esquema de frase con sucesión	1	2
14	Renshu A4	214	3	41	Esquema de frase con paradoja	1	2
15	Renshu B1	215	1	12-17, 41	Frase básica con condición (verbo)	2	3
16	Renshu B2	215	1	12-17, 41	Frase básica con condición (adjetivo y sustantivo)	2	3
17	Renshu B3	215	1	12-17, 41	Pregunta y respuesta con condición (mixto), con imágenes	3	4

Figura 2: Listado de actividades según su aparición en los materiales didácticos, facilitado durante la fase 1 (fragmento).

Como puede apreciarse en la figura 2, para cada una de las actividades el listado recogía los siguientes datos específicos:

- Código de actividad
- Nombre de la actividad (creado por el profesor según el material didáctico)
- Página correspondiente del libro de texto o materiales
- Objetivo específico o *Can–do* de la unidad correspondiente (1, 2 o 3)
- Categoría de actividad o competencia, coincidente con el árbol de los Estándares de la Fundación Japón (véase la figura 1)
- Descripción breve de cada actividad o ejercicio
- Tiempo aproximado requerido. Aquí se facilitaron dos valores, «tiempo breve» y «tiempo largo», de manera que los estudiantes pudieran elegir con cuánta intensidad, celeridad o profundidad querían detenerse en cada actividad.

Para facilitar el manejo de la información, se utilizaron algunos códigos cromáticos en los *Can–do* y las categorías de actividades/competencias. A cada uno de los tres objetivos *Can–do* de la lección se le asignó un color (*Can–do* 1:

amarillo; *Can–do* 2: verde; *Can–do* 3: rosa). Asimismo, las categorías de las actividades/competencias fueron numeradas y sombreadas con los mismo números y colores con los que se muestran en el árbol de los Estándares de la Fundación Japón (figura 1): «actividades de comprensión» en azul y números del 1 al 11, «actividades de producción/expresión» en rojo y números del 12 al 19, « actividades de interacción» en verde y números del 20 al 31, y «competencias comunicativas» en marrón y números del 41 al 46.

Por ejemplo, en la figura 2, la actividad de código 7 se presenta como una práctica de *shadowing*. Se engloba en los *Can–do* 1 «Expresar condiciones » y *Can–do* 3 «Expresar una paradoja» y para ejecutarla se emplea el material en la página 213 del libro de texto. Se trata de una actividad de producción (color rojo), concretamente de tipo oral (número 12 en el árbol de los Estándares de la Fundación Japón) y en ella se desarrolla especialmente la competencia lingüística (color marrón) de control fonológico (número 45).

Debido a que la cantidad de información podía resultar abrumadora, se proporcionó a los estudiantes un segundo listado auxiliar, en el cual las actividades aparecían ordenadas de acuerdo con cada uno de los *Can–do* de la lección, como puede verse en la Figura 3.

Cód.	Nombre	Pág	Can-do	Categ.	Descripción	Breve (min)	Larg. (min)
11	Renshu A2	98	1	41	Esquema de frase en voz pasiva (experiencia personal)	1	2
16	Renshu B1	99	1	12-17, 41	Frase con voz pasiva (simple) (experiencia personal), con dibujos	2	3
17	Renshu B2	99	1	12-17, 41	Frase con voz pasiva (compleja) (experiencia personal)	2	3
23	Renshu C1	101	1	20	Conversación de roles: experiencia personal positiva	5	8
36	Kaite-3	F-15	1	17, 41	Escribir estructura básica de frase con voz pasiva (versión simple)	4	6
37	Kaite-4	F-16	1	17, 41	Escribir estructura básica 2 de frase con voz pasiva (versión compleja)	4	6
49	Chokai-1	F-24	1	2	Audición: entender las experiencias personales de varias personas (elegir entre opciones a y b de una frase)	lectura: 3 x1: 3; x2: 5 corrección: 2	
39	Kaite-5-II	F-17	1, 2	18	Redacción corta sobre mis experiencias personales en la infancia/juventud	6	8
12	Renshu A3	98	2	41	Esquema de frase en voz pasiva (experiencia negativa)	1	2
18	Renshu B3	99	2	12-17, 41	Frase con voz pasiva (experiencia negativa)	3	4
19	Renshu B4	99	2	12-17, 41	Respuesta con voz pasiva (experiencia negativa), con dibujos	2	3

Figura 3: Listado de actividades ordenadas según el *Can–do*, facilitado durante la fase 1 (fragmento).

Además de ofrecer una clasificación alternativa, esta agrupación de las actividades en torno a los *Can–do* de la unidad tenía como objetivo facilitar la organización de las actividades a aquellos que quisieran diseñar una planificación cuarteada en actividades relacionadas con un *Can–do* específico. Esta fue efectivamente la tabla que los estudiantes emplearon con mayor frecuencia a la hora de confeccionar su diseño.

La tarea 2 consistió en una discusión colectiva de una duración aproximada de 20 minutos. En ella los estudiantes debatieron acerca de cuestiones como qué actividades hacer y en qué orden hacerlas, cómo distribuir el tiempo y la duración de cada actividad, en qué día realizar cada actividad, si dividirlas en jornadas distintas o, por ejemplo, si realizar o no actividades de repaso, entre otras cuestiones.

A partir de las notas tomadas durante el debate y con el apoyo de la grabación sonora del mismo, el profesor redactó un plan didáctico definitivo que incluyó en la medida de lo posible la totalidad de las sugerencias y acuerdos alcanzados durante el debate.

Asimismo, para conocer las opiniones y actitudes de los estudiantes sobre la actividad en esta fase del experimento, los participantes realizaron una encuesta sobre de afirmaciones (ítems) basándose en una escala de Likert de 5 niveles. Esta encuesta se centró en las opiniones de los estudiantes acerca de las dificultades de acometer la tarea encomendada, el tiempo proporcionado, el diseño finalmente acordado y su opinión general sobre la actividad. A continuación, se señalan los resultados de dicha encuesta, mostrando los valores medios (*Media*) para el conjunto de todos los participantes.

Tal y como muestra la tabla 1, en lo que respecta a la dificultad de las tareas, los estudiantes se sintieron cómodos durante el desarrollo de la actividad y consideraron que las tareas de la fase 1 no fueron especialmente difíciles. De todas las actividades, destacaron como la más dificultosa el diseño individual de la unidad didáctica, lo cual era previsible por la complejidad que entrañaba.

Tabla 1: Opiniones sobre la dificultad de realizar las tareas de la fase 1. Valores según una escala de Likert: 1=muy fácil; 2=fácil; 3=indiferente; 4=difícil; 5=muy difícil.

Ítem	Media
Entender el objetivo de la actividad	1.42
Entender las instrucciones	1.83
Entender los materiales	2.08
Usar los materiales	2.08
Diseñar la unidad individualmente	3.25
Llegar a un acuerdo común entre toda la clase	3.08

En cuanto al tiempo dedicado a cada una de las actividades, por lo general los estudiantes consideraron que fue el apropiado o, si acaso, algo breve, tal y como se recoge en la tabla 2.

Tabla 2: Opiniones sobre el tiempo proporcionado en la fase 1. Valores según una escala de Likert: 1= demasiado corto; 2=corto; 3=ni corto ni largo; 4=largo; 5=demasiado largo.

Ítem	Media
Explicaciones e instrucciones del profesor	2.67
Trabajo individual	2.75
Debate / Puesta en común	2.75

La cuestión que se presentaba como uno de los mayores retos de la fase 1 era llegar a un acuerdo unánime sobre el diseño final de la unidad didáctica que se pondría posteriormente en práctica. Como puede comprobarse en la tabla 3, por lo general los estudiantes se mostraron bastante satisfechos con el diseño final acordado y se mostraron muy confiados en que serviría para lograr los objetivos de la unidad. Asimismo, la media de las opiniones indica que su propuesta individual guardaba muchas semejanzas con el diseño final.

Tabla 3: Opiniones y expectativas sobre el diseño final en la fase 1. Valores según una escala de Likert: 1= nada o casi nada de acuerdo; 2=poco de acuerdo; 3=más o menos de acuerdo; 4=bastante de acuerdo; 5=muy de acuerdo.

Ítem	Media
Mi diseño se parece a la idea final acordada en común	3,75
Estoy satisfecho/a con el diseño final	4,17
El diseño final servirá para lograr los objetivos	4,25

Por último, se preguntó a los estudiantes acerca de su opinión general sobre el experimento y sobre su posible utilidad en el aprendizaje de japonés. Sus opiniones, recogidas en la tabla 4, muestran una actitud generalmente positiva.

Tabla 4: Opiniones y expectativas sobre el experimento durante la fase 1. Valores según escala de Likert: 1= nada o casi nada; 2=poco; 3=más o menos; 4=bastante; 5=mucho

Ítem	Media
Es interesante	4.42
Es divertido	3.75
Es difícil	3.00
Me ayuda a entender mejor el libro	3.50
Me ayudará en mi aprendizaje de japonés	3.92

Fase 2

Esta fase consistió básicamente en la ejecución de la unidad didáctica generada en la primera fase. Al inicio de cada una de las tres sesiones o jornadas en las que se extendió la unidad, se proyectó en la pantalla de la clase el plan detallado correspondiente a modo de recordatorio. A modo de ejemplo, la figura 4 muestra el plan de la sesión organizada por el grupo de nivel A1 (lección 25 del libro *Minna no nihongo I*) para la primera de las tres sesiones.

01	Vocabulario	·	-	42	Leer lista de vocabulario	1	2
46	Vídeo de Minna no nihongo		1, 3	11	Ver vídeo breve de la lección	x1: 2; x2: 4 explicación: 3
11	Renshu A1	214	-	41	Esquema de formas verbales, adjetivales y nominales	2	3
32	Kaite-1	F-55	1, 2	17,41	Práctica de la construcción (verbo, adjetivo, sustantivo)	3	6
12	Renshu A2	214	1	41	Esquema de frase con condición	1	2
15	Renshu B1	215	1	12-17,41	Frase básica con condición (verbo)	2	3
16	Renshu B2	215	1	12-17,41	Frase básica con condición (adjetivo y sustantivo)	2	3
17	Renshu B3	215	1	12-17,41	Pregunta y respuesta con condición (mixto), con imágenes	3	4
22	Renshu C1	217	1	20	Conversación de roles: invitación con condición	5	8
33	Kaite-2	F-56	1	18,41	Práctica de la frase con condición	3	5
35	Kaite-4	F-57	1	18,41,43	Escribir redacción corta sobre los deseos del futuro, usando condiciones	6	8
43	Katsu-165	·	1	20	Conversación de roles: aceptar invitación imponiendo una condición	15	18
36	Chokai-1	F-58	1	2	Audición: entender la conversación sobre dos amigos hablan de las condiciones para quedar a hacer algo juntos (responder con A o B)	lectura: 0.5 x1: 4; x2: 8 corrección: 2

Figura 4: Plan de la primera sesión diseñado por el grupo del nivel A1
(lección 25 de *Minna no nihongo I*).

Una de las principales preocupaciones fue que los tiempos de ejecución de cada actividad se ajustaran al plan acordado por los estudiantes, para lo cual además se habían ofrecido distintas horquillas. Así, una vez que cada sesión hubo comenzado, se permitió a los estudiantes tomar decisiones, sobre la marcha, en relación a la duración de cada actividad, de manera que pudieron determinar si deseaban ampliar el tiempo de trabajo, en especial, en caso de que en la actividad en cuestión no se hubiera completado satisfactoriamente en el margen previsto. Asimismo, para optimizar el tiempo establecido según el plan de los estudiantes, no se ampliaron las explicaciones o se añadieron comentarios exhaustivos entre las distintas actividades.

Fase 3

En esta fase los participantes mostraron sus opiniones y actitudes sobre el experimento, así como una reflexión sobre el mismo, orientadas a despertar el debate y la reflexión sobre el aprendizaje autónomo. Esta fase tuvo en la práctica una duración de 30 minutos y se realizó al final de la última y tercera jornada del experimento, una vez que ya se había ejecutado por completo el diseño realizado por los estudiantes.

En esta fase se emplearon principalmente dos instrumentos: por un lado, un cuestionario anónimo e individual y, por el otro, un debate en clase cuya duración aproximada fue de 15 minutos en cada uno de los grupos.

Las preguntas incluidas en el cuestionario fueron formuladas *ad hoc* para este experimento y tuvieron como objetivo conocer las opiniones y actitudes sobre el experimento en las siguientes áreas:

A. Cumplimiento del plan

B. Satisfacción con el plan acordado

C. Nivel de participación o implicación

D. Beneficios del experimento

E. Opinión general sobre el experimento

A continuación, la tabla 5 muestra el grado de acuerdo de los estudiantes con respecto a las afirmaciones (ítems) de cada uno de los bloques señalados.

Tabla 5: Opiniones y actitudes de los participantes. Valores según una escala de Likert: 1= nada o casi nada de acuerdo; 2= poco de acuerdo; 3=ni de acuerdo ni en desacuerdo; 4= algo de acuerdo; 5=muy de acuerdo

Ítem	Media
A. Cumplimiento del plan	
1. Las clases se han ajustado al diseño acordado	4.62
B. Satisfacción con el plan acordado	
2. La selección de los ejercicios ha sido acertada	4.15
3. El orden de los ejercicios ha sido acertada	4.38
4. La duración de los ejercicios ha sido acertada	3.62
5. En general estoy satisfecho/a con el diseño final	4.23
6. El diseño acordado ha servido para lograr los objetivos	4.23
7. Si volviéramos a empezar, cambiaría el diseño	2.23
C. Participación o implicación	
8. He logrado los objetivos de la lección	4.23
9. Me he esforzado más que en lecciones anteriores	3.54
10. Mis resultados habrían sido mejores si el diseño hubiera sido diferentes	1.92
11. Me siento responsable de mis resultados	3.92
D. Beneficios (Este experimento me ha ayudado a.)	
12. ...entender el libro	3.92
13. ...entender la finalidad de cada tarea	4.08
14. ...entender cómo se organiza una clase	4.62
15. ...entender mis capacidades	3.67

16. ...ser independiente	3.92
17. ...responsabilizarme de mi aprendizaje de japonés	3.83
18. ...conocerme a mí mismo/a	2.92
19. ...conocer los intereses/opiniones de mis compañeros de clase	4.00
20. ...conocer las opiniones de mi profesor	3.67
21. ...interesarme por el japonés	3.67
22. ...interesarme por el aprendizaje autónomo	4.17
23. ...interesarme por otras maneras de usar el libro	3.83
24. ...conocer otras maneras de aprender japonés	3.83
E. Opinión general sobre experimento	
25. El experimento ha sido interesante	4.38
26. El experimento ha sido divertido	3.77
27. El experimento ha sido difícil	3.15
28. El experimento ha sido útil	4.54
29. El experimento ha sido largo	2.62
30. Repetiría esta actividad en clase	4.23
31. Recomendaría esta actividad a otras personas	4.15

A continuación, se destacan algunos de los puntos más importantes de la encuesta y las reflexiones de los estudiantes.

En cuanto al grado de ejecución de los planes de clase, los estudiantes estuvieron de acuerdo en que se ajustó al diseño original (pregunta 1 = 4.62). En cuanto a la satisfacción, los estudiantes se mostraron por lo general satisfechos o muy satisfechos con el plan diseñado (pregunta 5 = 4.23), tanto en la selección de los ejercicios (pregunta 2 = 4.15) como en su orden o secuencia (pregunta 3 = 4.38). La mayoría de las quejas se concentraron en la idoneidad de la duración de las actividades, aspecto en el que se obtuvo un valor de satisfacción sensiblemente menor (pregunta 4 = 3.62). Concretamente, los estudiantes señalaron que los tiempos del plan estaban muy ajustados en el caso de ciertas actividades. Si bien algunos consideraron que la clase era muy dinámica porque avanzaba rápidamente de una actividad a otra, otros declararon que habían sentido cierto nivel de estrés y que su capacidad de concentración se había visto reducida. En este sentido, la mayoría de los estudiantes estuvo de acuerdo con que el plan diseñado por ellos incluía demasiadas actividades para el tiempo del que se disponía.

Pese a las dificultades, los estudiantes consideraron que habían cumplido sus objetivos de aprendizaje (pregunta 8 = 4.23) y destacaron sentir un alto grado de responsabilidad en su aprendizaje (pregunta 11 = 3.92). En cuanto a la implicación en el experimento y el aprendizaje, los resultados muestran que tuvieron la sensación de haber sido especialmente activos y haberse esforzado más que en clases anteriores (pregunta 9 = 3.54).

En cuanto a lo que los estudiantes habían aprendido, el consenso general fue que el experimento les había ayudado a entender los métodos de aprendizaje y el libro de texto (pregunta 12 = 3.92), la finalidad de cada ejercicio de los libros de texto (pregunta 13 = 4.08) o el modo en que se organiza una clase (pregunta 14 = 4.62). Estas cuestiones también tuvieron implicaciones en un mayor entendimiento de las capacidades personales (pregunta 4 = 3.67) y en general en la competencia de aprendizaje autónomo, en un mayor grado de responsabilidad (pregunta 17 = 3.83) e independencia (pregunta 16 = 3.92). Asimismo, los altos valores de las preguntas 21, 22, 23 y 24, sugieren que aumentó la motivación de los estudiantes por aprender más japonés, de manera más consciente y con métodos más diversos. Por último, el resultado más negativo se obtuvo en torno a la consideración sobre si el experimento les había ayudado a conocerse mejor a sí mismos (pregunta 18 = 2.92). Esta pregunta pretendía ser una fórmula más abierta que la pregunta 17 (*Este experimento me ha ayudado a responsabilizarme de mi aprendizaje de japonés*), al entender la adquisición de la competencia de aprendizaje autónomo como un proceso de asunción de responsabilidades en las que puede intuirse cierto grado de autoanálisis personal. Probablemente, debido a que la pregunta 18 encierra una reflexión profunda o identitaria no abordada explícitamente en la fase 1, es posible que su interpretación también fuera muy diversa entre los participantes.

Asimismo, los estudiantes declararon haber disfrutado del experimento (preguntas 25 y 26), el cual les resultó útil (pregunta 28 = 4.54) y no especialmente difícil (pregunta 27 = 3.15). Por otro lado, las posibilidades de realizar de nuevo el experimento en el futuro o recomendárselo a otros estudiantes también fueron percibidas favorablemente por los estudiantes.

Para terminar, el último debate o puesta en común realizada como cierre del experimento fue sumamente enriquecedor en lo que respecta al objetivo del estudio. Durante las fases 1 y 2 del proyecto, los estudiantes habían centrado sus esfuerzos en evaluar el diseño que estaban confeccionando; es decir, muchos pensaron que la clave del experimento era dicho ejercicio. No obstante, durante el debate final de la fase 3, los estudiantes plantearon de manera espontánea y abierta cuestiones relacionadas directa o indirectamente con la responsabilidad y el aprendizaje autónomo, como la importancia de organizarse, esforzarse en cada ejercicio y entender su finalidad, entender la lógica de cada modo de aprendizaje, etc., en muchos casos apoyándose en ejemplos concretos de la experiencia que les había proporcionado las sesiones del experimento. Todo ello puede considerar como una muestra de haber realizado un importante paso a la hora de reflexionar y gestionar su propio aprendizaje. Asimismo, una vez acabado el experimento, los estudiantes se mostraron muy interesados por conocer la valoración que el profesor tenía sobre el diseño que ellos mismos habían creado, lo cual puede interpretarse como una muestra de que su consciencia didáctica general también se había visto reforzada.

Conclusiones

Esta investigación partía de la pregunta acerca de qué prácticas podrían aplicarse a las clases ordinarias de japonés para desarrollar la capacidad de aprendizaje autónomo de los estudiantes. Sin embargo, el presente experimento no exigió a los estudiantes que elaboraran planes de clase innovadores según sus deseos para que estos fueran replicados en el resto de las clases. En cambio, el experimentó se centró en ayudarlos a tomar una mayor consciencia sobre su propio aprendizaje y, al mismo tiempo, fomentar su responsabilidad en este ámbito.

De los resultados sobre las impresiones de los estudiantes, puede afirmarse que el experimento logró involucrar a los estudiantes y reflexionar sobre su responsabilidad. Podemos destacar dos motivos fundamentales que permitieron este logro. En primer lugar, a los estudiantes se les fue asignado un problema real, es decir, uno que afectaba efectivamente a sus clases reales. En segundo lugar, los estudiantes tuvieron que tomar decisiones sobre la forma de aprender que les afectaban directamente, ya que los resultados de dichas decisiones tenían una influencia sobre el modo y los resultados de su aprendizaje. En este sentido, los estudiantes observaron las tareas encomendadas como un acto de responsabilidad y las ejecutaron con un alto grado de seriedad e implicación. Además de ofrecer una respuesta positiva, los estudiantes declararon haber tomado una mayor consciencia sobre el proceso de aprendizaje y al mismo tiempo señalaron haber desarrollado un espíritu más crítico con respecto a su participación en las clases.

Por otro lado, la ejecución de este experimento ha permitido detectar tres ámbitos de mejora o retos para su posible réplica. En primer lugar, quedó patente que conviene proporcionar a los estudiantes el tiempo de preparación adecuado para el diseño de la clase. En este experimento se organizó un debate conjunto pero el tiempo de reflexión individual se redujo a solo 10 minutos, ante el temor de que los estudiantes se mostraran aburridos o faltos de interés. Sin embargo, su implicación e interés fue mayor del esperado y una ampliación del tiempo de preparación probablemente no habría resultado contraproducente sino más bien positiva.

En segundo lugar, se hizo patente la necesidad de establecer un mecanismo para redactar el plan didáctico acordado, es decir, una manera de plasmar todas las ideas del debate en un único documento consensuado. En este experimento, el profesor preparó varias plantillas para anotar las ideas tanto del diseño individual como del diseño común consensuado, pero no resultaron prácticas y finalmente hubo que redactar el diseño final a partir de la grabación realizada durante el debate.

En tercer lugar, quedó manifiesta la importancia de realizar una estimación exacta de cada actividad antes de realizar el diseño. A diferencia de las clases ordinarias, en las que es común que el profesor ajuste a discreción la duración de las tareas, en este caso los estudiantes decidieron el flujo detallado de cada sesión basándose en las estimaciones proporcionadas por el profesor, las cuales pecaron de optimistas en algunos casos, con duraciones excesivamente cortas para algunas actividades. Asimismo, cabe señalar que resulta totalmente ineludible respetar de manera escrupulosa los tiempos acordados para cada tarea a la hora de ejecutarla.

Por último, pueden señalarse dos situaciones que, si bien no se dieron a lo largo de esta investigación, pueden resultar problemáticas a la hora de llevar a la práctica un experimento similar al acometido en este trabajo.

En primer lugar, la esencia de este experimento no era el diseño que acordaran los estudiantes como producto, sino el proceso en sí de reflexión. En este experimento el diseño de los estudiantes fue funcional y cumplió relativamente con los objetivos. Sin embargo, aun teniendo en cuenta que la autonomía y la responsabilidad suponen una asunción de riesgos, merece la pena considerar las implicaciones derivadas de que los diseños didácticos realizados por los estudiantes fueran especialmente defectuosos hasta tal grado que pudieran poner en riesgo la propia adquisición de la materia y las competencias lingüísticas, objetivo por el cual los estudiantes asisten a las clases. En este sentido, convendría contar con un plan o medidas básicas de contingencia.

En segundo lugar, el número de estudiantes de cada uno de los cursos que participaron en este experimento fue especialmente reducido. Surge la duda de si este modelo de trabajo individual y puesta en común es trasladable a clases con una cantidad de estudiantes mucho más elevada. En estrecha relación con esto se plantea la posible dificultad de alcanzar un consenso en grupos más multitudinarios, que pueden prestarse a una mayor divergencia o variedad de opiniones.

Para terminar, este experimento permitió a los participantes concienciarse con respecto al proceso de enseñanza–aprendizaje y desarrollar una visión crítica sobre cuanto acontece dentro del aula de japonés, en un intento que recibió una respuesta positiva. No obstante, esta concienciación o adquisición fue medida en unas circunstancias muy concretas, especialmente en lo que se refiere a la duración del proceso (unas dos o tres semanas) y, por lo tanto, queda por resolver cómo sería a medio o largo plazo la evolución o sostenimiento de la competencia de aprendizaje autónomo de los estudiantes, es decir, con mayor posterioridad al experimento. Teniendo en cuenta la disposición que mostraron los participantes de este experimento para repetirlo, es posible que su ejecución en distintas fases de un mismo curso sea bienvenida y, al mismo tiempo, pueda arrojar luces sobre su efecto en el desarrollo y sostenimiento de la competencia de aprendizaje autónomo en el medio plazo, posiblemente en conjunción con actividades suplementarias

Así pues, en investigaciones futuras, convendría ampliar este tipo de estudios haciendo hincapié en los métodos para mejorar la metodología y la respuesta ante los retos resultantes las eventuales decisiones de los estudiantes que quedaron fuera del alcance de esta investigación y si experimentos como este pueden ofrecer resultados diacrónicos. Por último, resultaría beneficioso para la formación de traductores de japonés aplicar este experimento en distintos estadios de la formación en lengua japonesa de los estudiantes de traducción, especialmente por encima del nivel A2, a fin de contrastar si esta es una variable relevante en la competencia del aprendizaje autónomo y las actitudes y opiniones sobre la misma.

REFERENCES

Benson, Phil. 2011. *Teaching and Researching Autonomy*. Harlow: Pearson Education Limited.

Council of Europe. 2001. *Common European Framework of Reference for Languages: Learning, Teaching, Assessment*. Cambridge: Cambridge University Press.

Dickinson, Lesli. 1987. *Self–Instruction in Language Learning*. Cambridge: Cambridge University Press.

Giovannini, Arno, Ernesto Martín Peris, María Rodríguez, y Terencio Simón. 2003. *Profesor en acción 3*. Madrid: Edelsa.

Holec, Henric. 1981. *Autonomy in Foreign Language Learning*. Oxford: Pergamon.

Martín Peris, Ernesto, Encarna Atienza Cerezo, Maximiano Cortés Moreno, María Vicente González Arguello, Carmen López Ferrero, y Sergi Torner Castells. 2008. *Diccionario de términos clave de ELE*. Madrid: Sociedad General Española de Librería.

Morrison, Brian. R., y Diego Navarro. 2012. "Shifting Roles: From Language Teachers to Learning Advisors". *System* 40(3): 349–359.

Mozzon–McPherson, Marina, y Roel Vismans. 2001. *Beyond Language Teaching Towards Language Advising*. London: Centre for Information on Language Teaching & Research.

Stefanou, Candice, Kahleen C. Perencevich, Matthew DiCintio, y Julianne C. Turner. 2004. "Supporting Autonomy in the Classroom: Ways Teachers Encourage Student Decision Making and Ownership." *Educational Psychologist* 39(2): 97–110.

The Japan Foundation. 2010. *JF Standard for Japanese–Language Education 2010*. The Japan Foundation.

Capítulo 3

La enseñanza del japonés en el pluriculturalismo: Integración de cultura en el aula

Emi Takamori, Universidad Autónoma de Madrid

Resumen

El Marco Común Europeo de Referencia para las Lenguas se implementó en 2002 con el fin de conseguir la mayor unidad entre los miembros europeos por medio de un mejor conocimiento de las lenguas europeas modernas y de su diversidad cultural. Hoy en día este marco se aplica también en la enseñanza de lenguas no europeas como el japonés. Según la visión plurilingüe y pluricultural de este marco, se da importancia al aprendizaje de idiomas y a la consciencia cultural a nivel individual. La cultura, que marca las actuaciones sociales y familiares de cada individuo, se trata como un medio para tomar conciencia de su identidad en constante construcción. Bajo este concepto, ¿cómo se podrían incorporar los elementos culturales en la enseñanza de japonés en España? Este trabajo muestra una reflexión sobre la integración de cultura en una asignatura universitaria tras la revisión de los estudios anteriores referentes a la enseñanza de la cultura japonesa. La encuesta para los alumnos al final del curso revela que una experiencia directa y personal como el proyecto de entrevista podría ser un buen medio para destruir los estereotipos que todos crean al encontrarse con algo desconocido. Tanto la introducción como la retroalimentación del proyecto juegan un papel importante para despertar la consciencia en los estudiantes sobre sus propios estereotipos.

Palabras clave: pluriculturalismo, estereotipo, diversidad

Introducción

A lo largo de la historia, el término "cultura" ha sido sujeto de varias interpretaciones y, por lo tanto, la enseñanza de una cultura también tiene diferentes objetivos dependiendo de cada época. Según resume Bernabé (2012, 68–69), este término, cuyo origen se remonta al hombre "cultivado" y luego al hombre "civilizado", obtuvo la interpretación en el siglo XIX del resultado del transcurso histórico de la sociedad, que incluía conocimientos, creencias y manifestaciones artísticas. Más tarde, en el siglo XX, se consiguió la comprensión de que la cultura determina tanto la conducta del ser humano como la organización social y en el siglo actual la cultura se considera como un conjunto de varios elementos de la vida que marcan las actuaciones sociales y familiares del individuo.

Al igual que en Europa el fenómeno migratorio y la multiculturalidad han acelerado el desarrollo de esta idea que integra cultura, diversidad e identidad en propuestas educativas, en Japón el Plan de 100 000 Estudiantes Extranjeros implementado en 1983 contribuyó a que en la enseñanza del japonés se empezara a dar más importancia a la comunicación intercultural e interpersonal que a la alta cultura y a la teoría generalizada como el *Nihonjin–ron*. Junto con la difusión del método comunicativo, el Marco Común Europeo de Referencia para las Lenguas (a partir de ahora MCER) publicado en 2002 también tuvo un gran impacto en la pedagogía de lenguas extranjeras y en el acercamiento a sus culturas dentro de Japón. La Fundación Japón estableció las especificaciones más concretas de capacidad lingüística de cada nivel basado en el MCER y adaptadas para el idioma japonés (JF Standard)[1]. Según los libros de *Marugoto*, materiales didácticos aplicados a estas descripciones, el enfoque pedagógico está orientado a la acción y la cultura japonesa se introduce como vida y costumbres en Japón, dando oportunidades de reflexionar sobre el país del estudiante.

La enseñanza de lenguas extranjeras en Japón, sin embargo, se limita a centrar la atención en a este enfoque orientado hacia acciones y descripciones de los niveles del MCER, y no integra el concepto fundamental del marco, el plurilingüismo, el cual no separa las capacidades lingüísticas según el idioma (Fukuda 2017). Según Fukuda (*ibid.*), el plurilingüismo está basado en los estudios sobre el bilingüismo de Cummins (1981) en los que se respeta el dominio común subyacente que contribuye al desarrollo lingüístico de todos los idiomas del mismo hablante. Asimismo, la competencia intercultural se considera transferible cuando uno aprende más idiomas. En un país como Japón, donde hay un único idioma oficial, no sería fácil difundir la idea de fomentar la base lingüística sin distinguir la lengua materna con otros idiomas para aumentar el repertorio de idiomas según las necesidades personales. En España, por otro lado, a pesar de que ha empezado el programa de inmersión lingüística en idiomas europeos, todavía hay muy pocos centros educativos de la educación primaria y secundaria que ofrecen la enseñanza del japonés [2]. Varios estudiantes

---

1. Se pueden consultar las descripciones del JF Standard a través de la siguiente página web:
https://jfstandard.jp/cando/about/summary/ja/render.do
2. Según la encuesta realizada por la Fundación Japón en 2018, en España tres centros educativos de la educación primaria y secundaria ofrecen la enseñanza del japonés como lengua de herencia y un centro ofrece una actividad extraescolar, mientras que en otros países europeos hay clases formales en varios centros: En Italia 16, en Alemania 41, en Francia 74 y en Reino Unido 182.

universitarios que optan por Estudios Japoneses empiezan a estudiar el idioma por primera vez en la universidad sin tener mucha experiencia cultural sobre Japón hasta entonces.

Bajo esta circunstancia, ¿la lengua japonesa debería estar incluida dentro del marco plurilingüe? ¿Cómo se podrían incorporar los elementos culturales en la enseñanza superior? Para contestar a estas preguntas, este estudio muestra una reflexión sobre la integración de cultura en una asignatura universitaria tras la revisión de la competencia plurilingüe y de los estudios anteriores referentes a la enseñanza de la cultura japonesa.

Competencia plurilingüe y pluricultural en el MCER

Según el MCER (Consejo de Europa 2002; 2018), el multilingüismo se trata de la coexistencia de distintas lenguas en una sociedad determinada, mientras que la competencia plurilingüe y pluricultural se asocia con la diversidad lingüística y cultural a nivel de individuo, que se extiende en varios contextos tanto personales como sociales y que interactúa entre sí. Este concepto está basado en la idea principal de que todas las lenguas en Europa deben ser tratadas con igualdad evitando que un nativo de un idioma específico tenga superioridad con respecto a los demás. Asimismo, el aprendizaje de idiomas y culturas es una tarea que dura toda la vida y es el impulso del desarrollo favorable de la personalidad y de la mejora de la consciencia de identidad. Se espera que el alumno aprenda más de dos idiomas extranjeros aparte de la lengua materna y que en ese proceso tenga experiencias de relacionarse con la diversidad cultural en aras de conseguir una actitud abierta para resolver los conflictos interculturales.

La educación de idiomas bajo este marco ya no contempla el simple dominio de una lengua como hablante nativo ideal, sino que más bien pone énfasis en aumentar el repertorio de idiomas y culturas y en desarrollar la competencia comunicativa con el fin de que cada individuo pueda participar como agente social consiguiendo el entendimiento mutuo dentro de Europa, donde conviven varios idiomas y culturas. La alternancia de código, la cual se miraba como falta de competencia de un idioma, también se considera una estrategia de utilizar una variación interlingüística para realizar una tarea comunicativa. Por el mismo motivo, de acuerdo con la necesidad de cada estudiante, en vez de desarrollar las cuatro destrezas de manera equilibrada, se evalúa positivamente la competencia parcial y funcional. Este tipo de desequilibrio y de variabilidad se presentan tanto en la competencia plurilingüe como en la pluricultural, ya que un alumno con buen conocimiento de la cultura de una comunidad podría tener un conocimiento pobre de su lengua y viceversa. Esto quiere decir que un programa de aprendizaje

---

https://www.jpf.go.jp/j/project/japanese/survey/result/survey18.html
https://www.jpf.go.jp/j/project/japanese/survey/area/country/2020/spain.html

también puede ser parcial, que se responsabiliza sólo de determinadas destrezas, o ponderado, que produce un perfil del estudiante especial en el que se consigue un nivel más alto en algunas áreas de conocimientos y destrezas que en otras.

Ahora bien, ¿cómo la lengua y la cultura japonesa podrían tratarse dentro de este marco? Al ser un idioma no europeo, ¿se podría excluir de la lista de repertorios? Nishiyama (2011, 12–13), en una conferencia sobre el plurilingüismo, contestó a una pregunta relativa a los idiomas asiáticos en Europa alegando que, en países europeos en los que está bastante activa la enseñanza de lengua extranjera en la educación primaria y secundaria, se da más importancia al valor práctico del idioma que a su valor culto y que, por tanto, el chino se trata como un idioma útil y cercano en el mundo virtual. En el caso del japonés, a pesar de que no tendría tanta utilidad como el chino, en España más del 80% de los estudiantes aprenden el idioma en academias privadas por motivaciones internas, los cuales alcanzan la cifra de unas 6700 personas en total[3]. Es decir, son los propios estudiantes los que quieren incluir el japonés en su lista de repertorios. Además, como han emigrado a Europa bastantes personas japonesas, hay que tener en cuenta que este sector de la población y sus descendientes pueden reconocer su idioma como lengua de herencia para incluirlo en su repertorio. Pese a que la lengua japonesa no es un idioma europeo, podría ser un factor que determina la identidad de los ciudadanos europeos de origen japonés, al mismo tiempo que a otros ciudadanos les hace darse cuenta de sus identidades europeas a través de tener contacto con una cultura diferente a la suya.

Cultura y estereotipos en la enseñanza de japonés como lengua extranjera

Hasta principios de la década de los 80, la cultura japonesa en la enseñanza de japonés como lengua extranjera se introducía como conocimiento de la alta cultura representada por el arte tradicional como *Kabuki* y también se consideraba importante conocer *Nihonjin–ron*, las teorías sobre la sociedad japonesa a fin de entender los patrones de pensamiento de los japoneses, los cuales se utilizaban incluso para explicar las características semánticas y sintácticas de la lengua japonesa (Segawa 2014). En este período, la cultura se trataba como algo estático y estereotipado de un grupo colectivo y se asumía que se proporcionaba unilateralmente por parte de los docentes. Después de haber implementado el Plan de 100 000 Estudiantes Extranjeros en 1983, aumentaron las ocasiones en las que

---

3. Según la encuesta realizada por la Fundación Japón en 2018, más de 6,700 estudiantes aprenden el idioma en academias privadas. Este número es mayor que el número de estudiantes que aprenden el japonés en universidades italianas.
https://www.jpf.go.jp/j/project/japanese/survey/area/country/2020/spain.html

los estudiantes tienen contacto directo con los japoneses y se produjo la necesidad de prevenir el conflicto causado por la comunicación intercultural. Las culturas, y sobre todo los patrones de comportamiento, empezaron a ser sujetos de comparación y a poner énfasis sobre la diversidad y las diferencias entre las culturas. Al mismo tiempo, se da importancia a la consciencia sobre culturas en cada individuo y el rol de los docentes se ha convertido en el de un coordinador que ofrece oportunidades en las que los estudiantes descubren por su cuenta tanto la cultura de la lengua meta como su propia cultura. Es decir, se espera que los estudiantes se den cuenta de su identidad apoyada por la cultura madre y que desarrollen su postura de aceptar otras culturas a través de la experiencia intercultural (Hosokawa 2000).

Este acercamiento de comparación, según Kubota (2012; 2014) y Segawa (2002; 2014), es una antítesis de la enseñanza cultural de la época anterior que tenía el objetivo de asimilar completamente a los extranjeros en la cultura japonesa. El problema reside en que, debido a que los estudiantes ponen su propia cultura en el centro para entender otras, la cultura meta se podría enfrentar siembre contra la propia para producir una dicotomía. Especialmente en la enseñanza de japonés fuera de Japón, no es fácil encontrar la diversidad dentro de la cultura japonesa y se suele reconocer la cultura a nivel de país. Es posible que los docentes, sean o no conscientes, ofrezcan perspectivas estereotipadas de dos países a través de la comparación. De esta manera, los estudiantes cuando afrontan un mal entendimiento en la cultura meta, podrían perder motivación para resolver el problema interpersonal, desplazando la responsabilidad a la mera diferencia cultural.

El estereotipo, sin embargo, no es siempre perjudicial. Según Darley y Gross (1983), más bien, es inevitable e imposible de eliminar, ya que es un proceso de categorización para el reconocimiento humano. El estereotipo se crea cuando uno se encuentra con algo desconocido y se activa en la primera fase de formar una impresión, sin embargo, se corrige siempre que se consigue una nueva información sobre ello. Una imagen social transmitida a través de una institución educativa o de medios de comunicación es más potente que el estereotipo creado automáticamente dentro de la persona (Macrae et al. 1996). Sin embargo, cuanto más profunda sea la relación personal, menos influyente será la información obtenida por fuera. En la enseñanza de japonés fuera de Japón, no es muy fácil ofrecer una oportunidad en la que los alumnos puedan despegarse del pensamiento previamente establecido, pero el primer paso sería que ellos se den cuenta de sus propios estereotipos y que tengan una mirada objetiva hacia su propia manera de pensar.

Kubota (2012, 12–18; 2014, 226–232) hace hincapié en la importancia de desarrollar la perspectiva crítica con el fin de entender la diversidad cultural y menciona los siguientes cuatro acercamientos (4D), utilizando como ejemplo la gastronomía japonesa:

1) Entender la cultura de manera "descriptiva":

Ej. "一汁三菜 (*Ichi–jū san–sai*: un menú tradicional japonés con una sopa y tres platos) es una característica de la comida japonesa" es un conocimiento prescrito al que se suma la identidad nacional, por lo que los estudiantes tienen que conocer la complejidad de la comida en la vida real.

2) Debatir sobre la "diversidad":

Ej. Los estudiantes tienen que conocer que "お雑煮 (*O–zōni*: sopa tradicional del Año Nuevo)" no se come en Okinawa para entender la multiplicidad de las prácticas culturales.

3) Conocer la naturaleza "dinámica" de la cultura:

Ej. En vez de creer en la idea de que la comida japonesa es saludable, los estudiantes tienen que interpretar la evolución de la gastronomía japonesa en contextos históricos para saber que la cultura tiene un carácter fluido según las condiciones socioeconómicas y políticas.

4) Reconocer que la cultura se construye a través de "discursos":

Ej. El hecho de que la gastronomía japonesa fuera registrada como Patrimonio Cultural Inmaterial de la Humanidad por la UNESCO en 2013 se basa en el discurso político de aumentar la importación de los alimentos perjudicados por los accidentes en el centro nuclear de Fukushima en 2011.

Este acercamiento proporciona una perspectiva para darse cuenta de los problemas en estandarizar la educación cultural (Kubota 2014, 28). Hosokawa (2005), pionero en señalar la importancia de la alfabetización informativa en la enseñanza de japonés, comenta también que, primero, los docentes deben tener una visión crítica y dudar sobre la información estandarizada que parece evidente a primera vista y reflexionar sobre sus propias maneras de enseñanza. El objetivo de la educación cultural reside en que los estudiantes reconozcan su propia idea con respecto a la información dada y que reciban alguna retroalimentación sobre ella. Hosokawa añade que deben crear este círculo en cadena para poder enriquecer el pensamiento crítico.

La asignatura de "Teoría y Práctica" en el año académico 2017–18

A partir de este apartado, se muestra una reflexión sobre cómo se integran los elementos culturales en una asignatura del japonés basándose en el plurilingüismo y en el acercamiento hacia el pensamiento crítico.

En nuestro Grado de Asia y África, una carrera de cuatro años, hay una asignatura llamada "Teoría y práctica de la primera lengua (Japonés)" dirigida a los estudiantes del tercer año que ya han aprendido anteriormente la gramática básica con *Minna no Nihongo*[4] y que están estudiando con *Marutogo* B1–1 en las clases ordinarias de japonés. Se imparten tres horas semanales durante 15 semanas en un semestre. El número total de los matriculados es de unas 15 personas, la mitad del número de los alumnos en una promoción, ya que la otra mitad se encuentra en las universidades japonesas de convenio. Esta asignatura tiene el fin específico de mejorar la destreza oral, por lo que en la parte de teoría se aprenden las características destacadas del japonés hablado, como la fonética[5], el lenguaje de rol, las onomatopeyas, el lenguaje honorífico, etc., mientras que en la parte práctica se realizan cuatro proyectos tales como la presentación de uno mismo, la entrevista, la presentación sobre un tema de interés y el teatro. La competencia que se requiere en esta asignatura se corresponde a las descripciones del nivel B1 según JF Standard de que el usuario del japonés puede dar presentaciones detalladas si puede prepararse de antemano. A partir de estas actividades se espera que los alumnos conozcan la diversidad del lenguaje hablado del idioma japonés tanto en el contexto informal y coloquial como en el formal. Además, estos proyectos pueden ser ocasiones que motivan a los alumnos que no pueden ir a estudiar a Japón, puesto que los alumnos utilizan el idioma en un contexto más concreto y real acercándose a su propio interés. En este estudio serán sujetos de reflexión dos actividades, la entrevista y la presentación, las cuales pueden contener elementos culturales.

La actividad de la entrevista consistía en elegir el tema de la misma, hacer cinco preguntas, realizar una entrevista a los estudiantes japoneses de intercambio y hacer un informe sobre su resultado. A la hora de escoger el tema, se cuestionó simplemente sobre qué tema les gustaría preguntar a los estudiantes japoneses de la misma generación. Algunos prefirieron preguntar sobre las aficiones personales, mientras que otros se interesaron más por las opiniones de los japoneses sobre asuntos sociales como "matrimonio" y "ambiente laboral". Antes de crear sus

---

4. 2013. *Minna no nihongo I y II* 2ª Edición みんなの日本語. Tokio: 3A CORPORATION.
5. Toda, Takako 戸田貴子. 2004. *Comyunikēshon no tame no nihongo hatsuon ressun* コミュニケーションのための日本語発音レッスン [Prácticas de pronunciación japonesa para la comunicación]. Tokio: 3A CORPORATION

propias preguntas para la entrevista, miramos las expresiones en el contexto de la entrevista[6] y practicamos la entrevista bajo el tema de "viaje".

El proyecto de realizar una presentación tiene como objetivo observar las semejanzas y diferencias entre España y Japón dentro del tema que escogió cada alumno. Algunos alumnos eligieron temas por su cuenta como "luna de miel", "programas de televisión", entre tanto, los otros optaron por los temas proporcionados por la docente para elegir, así como "gastronomía", "gestos" y "sistema educativo". Al igual que la entrevista, antes de que cada alumno empezara a consultar información y a hacer un borrador de la presentación, se ofreció un ejemplo de presentación con el tema de "fiestas tradicionales" para que conocieran las herramientas útiles que ayudan a entender el contenido de páginas web[7] y para que aprendieran las expresiones de uso frecuente en la presentación[8].

Reflexión y mejora en el año académico 2018–19, 19–20 y 20–21

La revisión bibliográfica sobre el plurilingüismo y la enseñanza de la cultura japonesa (véase los apartados 2 y 3) ofrece varias sugerencias para mejorar el contenido de las actividades. En este apartado se muestran las partes modificadas en estas actividades en los siguientes años académicos 2018–19, 19–20 y 20–21.

En primer lugar, dedicamos más tiempo a la parte introductoria de la actividad de la entrevista para que los estudiantes fueran más reflexivos con sus propios estereotipos. A la hora de decidir el tema, en vez de dejarles pensar simplemente lo que quieren preguntar a los estudiantes japoneses, les dimos una oportunidad de compartir los estereotipos sobre Japón y los japoneses. En el año 2018–19, tras una lluvia de ideas sobre dicho tema, los estudiantes hicieron varios comentarios como "A los japoneses les gustan el manga y el karaoke", "A los japoneses no les gusta el tatuaje", "Respetan las tradiciones", etc. Gracias a este calentamiento, los estudiantes se dan cuenta de su propio interés, sus estereotipos y la actividad de la entrevista consiguieron el propósito de comprobar sus ideas previas sobre la vida en Japón y sobre el pensamiento de la gente. Además, una vez decidido el tema y creadas las cinco preguntas, les pedimos que anticipasen las respuestas por parte de los estudiantes japoneses. Después de la entrevista, les

---

6. Kurosaki, Noriko 黒崎典子, ed. 2012. Chūkyū nihongo de chōsen! Supīchi & disukasshon 中級日本語で挑戦！スピーチ＆ディスカッション [¡Desafío en japonés intermedio! Discurso y Debate]. Tokio: Bonjin–sha.
7. Se recomienda utilizar dos sistemas tutoriales para la lectura de los textos japoneses: "Reading Tutor" (https://chuta.cegloc.tsukuba.ac.jp/index.html) y "Todd David Rudick's Rikai" (http://www.rikai.com/perl/Home.pl).
8. Nishiguchi, Kōichi 西口光一, ed. 2007. Nihongo oshaberi no tane 日本語おしゃべりのたね [Los temas para charlar en japonés]. Tokio: 3A CORPORATION: 80–82.

indicamos que comentasen en el informe si había algunas respuestas inesperadas. La alumna interesada por el "tatuaje" expresó su sorpresa porque los estudiantes japoneses no ven nada mal el tatuaje e incluso les gusta mucho el tatuaje pequeño. Otra alumna que eligió el tema de "manga" mencionó que la palabra "*otaku* (friki)" ya no tenía un matiz negativo entre los estudiantes japoneses y comentó que, contra lo que había previsto, la imagen de "*otaku*" había cambiado con el paso del tiempo. Este tipo de descubrimientos a través de un contacto directo y personal contribuiría a que los alumnos se dieran cuenta de la diversidad y el dinamismo de la cultura.

En el año académico 2017–18 realizamos la siguiente actividad: una presentación sobre las diferencias y similitudes de dos países. En el año 2018–19, sin embargo, la descartamos para hacer otra actividad distinta. Como hemos visto en el tercer apartado, una comparación a nivel de país tiene el riesgo de esconder la diversidad cultural y acaba promoviendo el estereotipo del país. Si la comparación de dos países se limita a algo sistemático como el "sistema educativo", no hay problema. No obstante, tocando un tema que pueda tener una variedad en el gusto personal, como "luna de miel", o una multiplicidad de tipos, como "programas de televisión", puede que se destaque la tendencia extrema y que se encubran las características minoritarias. Esta posibilidad es mayor cuando los estudiantes no tienen oportunidades de conseguir información a través de su experiencia personal sino a través de fuentes de segunda mano.

En el año académico 2018–19, entonces, intentamos hacer una actividad en la que los estudiantes se acercaran a los elementos minoritarios de la cultura japonesa. En este proyecto, ya que varios estudiantes no tenían conocimiento geográfico sobre Japón, tuvieron que elegir una prefectura que no conocían bien pero que les interesaba visitar un día. Las prefecturas elegidas eran Akita, Gunma, Ehime, etc. Después de haber encontrado información sobre la prefectura en páginas web como recursos turísticos, especialidades, dialectos, etc., cada estudiante creaba una cabina como si estuvieran en la feria de turismo. En vez de hacer una presentación enfrente de todos los compañeros, los alumnos fueron divididos en dos grupos y cada estudiante del grupo A tenía que explicar sobre la prefectura a los compañeros del grupo B que visitaban la cabina y viceversa.

Sin embargo, tuvimos que cambiar esta actividad en los siguientes dos años, por un lado, a causa de la pandemia. Tuvimos que dar todas las clases de manera telemática, lo cual nos dificultó realizar una presentación dinámica como feria de turismo. Por otro lado, como se implementó una nueva asignatura llamada "Introducción al estudio de la primera lengua", en la que se da el contenido de la geografía y las características regionales en Japón para los estudiantes del primer año, decidimos volver a implantar la actividad de la presentación. En los años 2019–20 y 20–21, al final, no pedimos a los estudiantes hacer una presentación sobre un tema nuevo sino que les pedimos que comentasen el resultado de la entrevista realizada de manera telemática con las universidades de convenio profundizando el contenido del informe. Por ejemplo, la alumna que eligió el tema de "familia" explicó en la presentación sobre el bajo porcentaje de la tasa de natalidad tanto en España como en Japón, lo cual le motivó a hacer una entrevista sobre este tema. El número de los estudiantes japoneses entrevistados no alcanzaba a 10 personas, por lo que el objetivo de la entrevista no era sacar una tendencia. Más bien, la experiencia directa de hablar con ellos y de recibir respuestas diferentes según la persona podría romper el estereotipo de identificar a la gente según su nacionalidad. Además, la preparación antes de la entrevista, es decir, conseguir más conocimiento sobre el tema, podría ayudar a interpretar mejor el resultado de la entrevista y los comentarios de sus compañeros de clase. En el siguiente año académico, antes de la entrevista les pediremos hacer alguna lectura o ver algún recurso audiovisual del tema elegido para darles más oportunidad de conocer el trasfondo del tema.

Encuesta a los estudiantes en el año académico 2018–19

En la última clase del curso académico 2018–19, pedimos una encuesta a los alumnos que consiste en las tres preguntas siguientes:

> Pregunta 1. ¿Crees que tienes o tenías ideas estereotipadas sobre Japón y/o los japoneses?

> Pregunta 2. ¿Crees que las actividades que hemos hecho durante el curso han afectado a tus ideas previas?

> Pregunta 3. ¿Qué tipo de ideas estereotipadas tienes o tenías?

En cuanto a la pregunta una y dos, los participantes debían de contestar en una escala de respuesta de cinco puntos donde 1 significa "casi nada" y 5 "sí, bastante". La tercera cuestión es una pregunta abierta en la que los alumnos podían exponer sus ideas libremente en español o en japonés. El número de los alumnos que participaron en esta encuesta es 10 personas, de los 12 estudiantes que han participado en estos proyectos en total.

Los siguientes gráficos muestran el resultado de cada pregunta 1 y 2 en la encuesta.

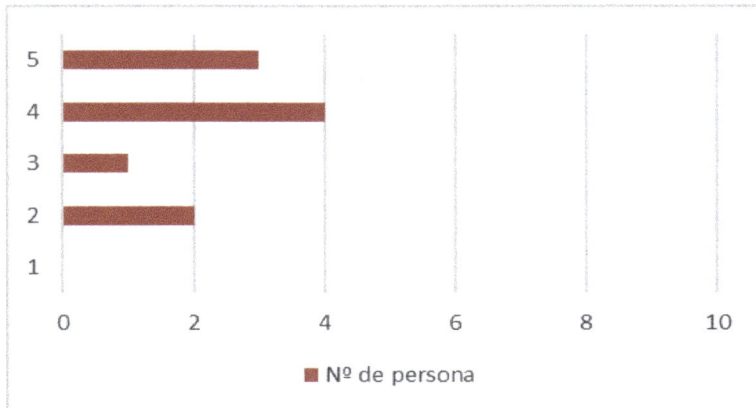

Figura 1: Resultado de la pregunta 1 (Fuente: Elaboración propia)

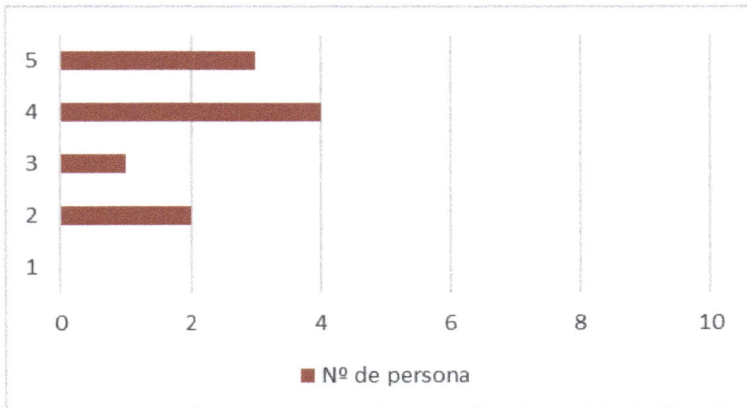

Figura 2: Resultado de la pregunta 2 (Fuente: Elaboración propia)

En la pregunta 3 hemos obtenido las siguientes respuestas: Dos números entre paréntesis, (3/4), por ejemplo, indican que este estudiante ha elegido la escala 3 en la pregunta uno y 4 en la pregunta dos. A las respuestas escritas en japonés se ha añadido una traducción por la autora.

- Por lo general, considero que son muy reservados. Nunca sabes lo que piensan realmente. (3/4)

- Me parecía difícil hablar con ellos, ya que te tienes que acercarte tú y cuesta que confíen en ti. (2/4)

- 私はでんとうの物は日本で重要だと思っていました。

59

(Pensaba que en Japón las cosas tradicionales se consideran importantes.) (3/4)

- Pensaba que les importaba mucho la influencia de su historia en todos los ámbitos de la vida. (2/4)

- Muy amables, educados, velan por el bien común. (5/2)

- Todavía sigo pensando que son todos muy trabajadores, aunque no es así, o que son muy educados todos. (3/3)

- 私は日本人がひまな時、カラオケへ行くと思いました。

(Pensaba que los japoneses van a Karaoke cuando tienen tiempo libre.) (3/5)

- La entonación y la forma menos expresiva de los sentimientos en el idioma. (4/5)

- Por ejemplo, estereotipos relacionados con su "homogeneidad" y su singularidad. (5/5)

Según el resultado de la pregunta 1, ningún estudiante contestó que no tuviera estereotipos contra Japón y los japoneses y, en su lugar, todos reconocieron que tenían más o menos alguna idea prejuzgada. En concreto, cuatro de ellos comentaron en la pregunta 3 que comparten las ideas típicas sobre el carácter nacional japonés de que son educados y trabajadores y que respetan la tradición. Por otro lado, dos de ellos señalaron la dificultad de comunicación implicando "*honne y tatemae*", una idea de *Nihonjin–ron*, de que los japoneses no expresan lo que realmente piensan. El resultado de la pregunta 2 muestra que ocho estudiantes entre diez en total contestaron que los proyectos influyeron de alguna manera a sus ideas previas. Algunos se refirieron a su propia entrevista sobre "ocios" y "*matsuri* (fiestas tradicionales)" en la pregunta 3, descubriendo que no a todos los japoneses les gusta el karaoke o el *matsuri*. Como la imagen de "*otaku*" y "tatuaje" que hemos mencionado en el apartado anterior, a través del contacto directo con los japoneses en la actividad de la entrevista, se podrían percibir diferencias según la persona, las cuales suelen permanecer invisibles cuando se trata de la cultura a nivel de país.

Conclusión

En España, donde la lengua japonesa no está incluida en la lista de repertorios de idiomas dentro de la educación primaria ni secundaria, los estudiantes en la educación superior se enfrentan a una gran diferencia cultural por primera vez en dicha etapa. Gracias a los recursos en internet y a la publicación de los libros de japonés basados en el MCER, en comparación a hace unas décadas los estudiantes pueden aprender el idioma junto con una información cultural más concreta sobre la vida y costumbres en Japón desde el nivel inicial. A partir del nivel intermedio, por otro lado, se requiere una actitud abierta hacia las diferencias culturales y una capacidad de resolver los conflictos interculturales. A fin de desarrollar esta competencia intercultural, los estudiantes deben tener oportunidades de reflexionar sobre sus estereotipos y tener experiencias personales para corregir estas ideas previamente establecidas. Por este motivo, la enseñanza de la cultura no podría ser un traspaso del conocimiento estandarizado a nivel de país, sino que tendría que ser transmitida a través de un proyecto en el que los estudiantes se den cuenta de su diversidad y dinamismo.

Este trabajo muestra una reflexión sobre la integración de la cultura en una asignatura universitaria tras la revisión de los estudios anteriores referentes a la enseñanza de la cultura japonesa. Según Kubota y Segawa, el acercamiento de hacer una comparación entre dos países puede causar estereotipos. Crear un estereotipo es un proceso normal de reconocimiento humano, sin embargo, se necesitaría desarrollar el pensamiento crítico a través de un acercamiento a la diversidad cultural y recibir retroalimentación en varias ocasiones para ir modificando esas ideas previas. Ya que tener el contacto personal es la mejor manera para romper el prejuicio, una actividad como la entrevista podría ser un buen medio para conseguir este objetivo. Con el fin de enriquecer la actividad, tanto la parte introductoria como la retroalimentación juegan un papel importante para despertar la consciencia en los estudiantes sobre sus propios estereotipos. Al decidir el tema de la entrevista, estaría bien que los estudiantes pudieran compartir lo que piensan sobre Japón en clase. Antes de la entrevista, tendrían que estudiar sobre el tema para la mejor comprensión de las respuestas y después deberían hacer un *output*, es decir, presentar el resultado de la entrevista junto con la discrepancia entre lo que se preveía y la realidad. Aunque no puedan llegar a un debate teniendo el nivel B1, compartir el cambio de consciencia con otros compañeros podría ayudar a tener una actitud flexible para poder tratar conflictos interculturales a nivel de individuo.

REFERENCIAS

Bernabé Villodre, María del Mar. 2012. Pluriculturalidad, multiculturalidad e interculturalidad, conocimientos necesarios para la labor docente, Revista Educativa Hekademos 11 (V): 67–77.

Consejo de Europa. 2002. Marco común europeo de referencia para las lenguas: aprendizaje, enseñanza, evaluación. Madrid: Ministerio de Educación, Cultura y Deporte, Subdirección General de Cooperación Internacional. Última modificación el 25 de noviembre de 2021. https://cvc.cervantes.es/ensenanza/biblioteca_ele/marco/cvc_mer.pdf.

Consejo de Europa. 2018. Common European Framework of Reference for Languages: Learning, Teaching, Assessment. Companion Volume with New Descriptors, Strasbourg: Council of Europe Publishing. Última modificación el 25 de noviembre de 2021. https://rm.coe.int/cefr–companion–volume–with–new–descriptors–2018/1680787989.

Cummins, James. 1981. "The Role of Primary Language Development in Promoting Education Success for Language Minority Students." En Schooling and Language Minority Students: A Theoretical Framework, editado por California State Department of Education, 3–49. Los Angeles: National Dissemination Center.

Darley, John M., y Paget H. Gross. 1983. "A hypothesis–confirming bias in labeling effects." Journal of Personality and Social Psychology 44 (1): 20–33.

Fukuda, Hiroko 福田浩子. 2017. "Fukugengo–shugi wa gengo kyōiku no nani o kaeta no ka" 複言語主義は言語教育の何を変えたのか [En la enseñanza de idiomas, ¿qué es lo que ha cambiado el plurilingüismo?]. Ibaraki Daigaku Jinbun Comyunikēshon Gakka Ronshū 茨城大学人文コミュニケーション学科論集 22: 99–120.

Kubota, Ryuko. 2014. "Standardization of Language and Culture." En Rethinking Language and Culture in Japanese Education: Beyond the Standard, editado por Shinji Sato, y Neriko Musha Doerr, 19–34. Bristol: Multilingual Matters.

Kubota, Ryūko 久保田竜子. 2012. "Nihongo kyōiku ni okeru bunka" 日本語教育における文化 [La cultura en la enseñanza de japonés]. Amerika ni okeru nihongo kyōiku no kako, genzai, mirai アメリカにおける日本語教育の過去・現在・未来 [Pasado, presente y futuro de la enseñanza de japonés en EE.UU.]. Zenbei Nihongo Kyōiku Gakkai 全米日本語教育学会. https://www.jpf.go.jp/j/project/japanese/teach/research/usreport/pdf/usreport3_04.pdf.

Hosokawa, Hideo 細川英雄. 2000. "Kotoba to bunka wa donoyōni oshieraretekita ka: "nihon jijō" kyōiku kenkyū shōshi no kokoromi" ことばと文化はどのように教えられてきたか：『日本事情』教育研究小史の試み [¿Cómo se enseña la lengua y la cultura?: Intento de hacer un resumen histórico sobre la enseñanza de "Asuntos de Japón"]. Waseda Daigaku Nihongo Kenkyū Kyōiku Sentā Kiyō 早稲田大学日本語研究教育センター紀要 13: 103–112.

Hosokawa, Hideo 細川英雄. 2005. "Kotoba to bunak no kirimusubu chihē: Jjssen to kenkyū o tōshite mietekuru mono" ことばと文化の切り結ぶ地平：実践と研究を通して見えてくるもの [El horizonte que conecta entre lengua y cultura: lo que se ve a través de prácticas e investigaciones]. Waseda Daigaku Nihongo Kyōiku Kenkyū 早稲田大学日本語教育研究 6: 113–123.

Macrae, C. Neil., Charles Stangor, y Miles Hewstone. 1996. Stereotypes & Stereotyping. New York: Guilford Press.

Nishiyama, Noriyuki 西山教行. 2011. "Gaikokugo kyōiku to fukugengo–shugi" 外国語教育と複言語主義 [Enseñanza de lenguas extranjeras y plurilingüismo. Gaikokugo Kyōiku Fōramu 外国語教育フォーラム 5: 3–13. http://hdl.handle.net/2297/37202.

Segawa, Hazuki 牲川波都季. 2000. "Dōka–shugi to shite no 'gakushūsha chūshin'" 同化主義としての「学習者中心」 [El enfoque centrado en el alumnado como asimilación cultural]. Waseda Daigaku Nihongo Kenkyū Kyōiku Sentā Kiyō 早稲田大学日本語研究教育センター紀要 15: 163–177.

Segawa, Hazuki. 2014. "Teaching Japanese People's Thinking: Discourses on Thought Patterns in Post–war Studies of Japanese Education." En Rethinking Language and Culture in Japanese Education: Beyond the Standard, editado por Shinji Sato, y Neriko Musha Doerr, 106–131. Bristol: Multilingual Matters.

Capítulo 4

Implementación de la metodología *Flipped Classroom* en el Centro de Idiomas de la Universidad de Valladolid: Análisis del proceso de aprendizaje de los alumnos españoles

Mayumi Tsukada, Universidad de Salamanca

Resumen

Esta investigación se centra en la implementación de la metodología *Flipped Classroom* en los cursos de japonés cursados por alumnos españoles en el Centro de Idiomas de la Universidad de Valladolid. Se ha llevado a cabo desde enero del año 2016 hasta mayo del año 2019. A lo largo de tres años, observamos el cambio de proceso del aprendizaje de los sujetos y lo analizamos comparando el primer año con el último. Según los comentarios vertidos por los participantes, podemos concluir que la implementación de este enfoque nuevo no solo sirvió para disponer de más tiempo en el aula para el desarrollo de actividades orales y escritas, sino que también aumentó la iniciativa por parte del alumnado tanto dentro como fuera del aula.

Palabras clave: *Flipped Classroom*, vídeo preparatorio, actividades en aula, iniciativa de los alumnos, proceso de aprendizaje

Introducción

Hoy en día, el uso e implementación de la tecnología es un tema principal en el campo de la enseñanza, y el modelo *Flipped Classroom* o aula invertida es uno de los muchos modelos didácticos que existen y que han aplicado muchos docentes a sus aulas, sobre todo, desde la crisis sanitaria de la COVID-19. No nos cabe la menor duda de que es una de las opciones más eficaces para aunar las ventajas de la modalidad presencial y, al mismo tiempo, introducir la innovación metodológica para que la educación se adapte a la nueva forma de vida. Sin embargo, este modelo educativo tampoco puede considerarse una novedad. En los años 90, varios investigadores como Mazur (1997) de *Peer instruction* o Novak (1999) de *Just–in–time teaching* plantearon los métodos en los que se basa el aula invertida. Recientemente Bergmann y Sams (2014) han publicado aportaciones importantes del ámbito no universitario y, gracias a sus trabajos, el aula invertida se ha hecho más popular en los últimos años no solo en EE. UU. sino en todo el mundo.

El Centro de Idiomas donde llevamos a cabo la investigación es una institución educativa que recibe alumnos de franjas de edad, rangos sociales y culturas diferentes, por lo que sus demandas y necesidades varían. Nos enfrentamos a problemas por la variedad de perfiles que tiene cada alumno, en concreto, en el caso del idioma japonés destaca el absentismo de los alumnos que trabajan. Frecuentemente se ausentaban varios días por sus obligaciones laborales o sus viajes de negocios y al reincorporarse a clase ya no podían seguir con el mismo ritmo y era una de las razones por las que al final abandonaban el curso.

Asimismo, por las características del centro, era preferible tratar temas culturales japoneses, sin embargo, la falta de tiempo nos complicaba su realización. O por el contrario, si lo realizábamos, no podíamos avanzar en el temario como queríamos, y era un reto para nosotros que teníamos que afrontar.

Ogawa (2015) habla de las ventajas del aula invertida como la disponibilidad del tiempo en el aula o el aumento del tiempo de estudio fuera del aula. Con el aula inversa, los alumnos pueden visionar vídeos preparatorios cuando quieran en caso de que se tengan que ausentar de las clases. Por consiguiente, consideramos que el enfoque *Flipped Classroom* puede ser una solución ágil para nuestros alumnos y decidimos implementar por primera vez dicha metodología desde el curso de japonés del año 2016–2017. La investigación duró hasta el curso académico 2018–2019 cuando dejamos el cargo como docentes en dicha institución. Por lo tanto, nos centraremos en las primeras fases de la implementación de la metodología *Flipped Classroom* y la comparación breve de las prácticas realizadas en el año 2016–2017 y en el año 2018–2019 para aportar un pequeño análisis sobre el proceso de aprendizaje de los alumnos españoles.

Flipped Classroom o aula invertida

Definición del modelo *Flipped Classroom*

El aula invertida o aula inversa es "en esencia, […] hacer en casa lo que tradicionalmente se hace en el aula, y lo que comúnmente se hace en casa como deberes, se realiza en el aula" (Bergmann y Sams 2014, 25), es decir, los alumnos estudian la teoría a través de un vídeo u otro material de apoyo que ofrece su profesor antes de acudir a clase y en el aula comparten las dudas o preguntas con su profesor o sus compañeros. La mayoría de los docentes piensa que aplicar vídeos es la metodología de aula invertida, pero no es cierto. Dar la vuelta a la clase nos facilita disponer de más tiempo en el aula y por eso lo más importante es cómo aprovecharlo. El principal objetivo de este modelo metodológico no es terminar los contenidos curriculares antes de tiempo. Es "aprender a aprender", es decir, los discentes aprenden a pensar mejor, aprenden a ser más competentes, aprenden a actuar y aprenden, finalmente, a llevarse bien con los demás a través de las actividades que realizamos por parejas o en equipo. Es en el aula donde los alumnos aprenden verdaderamente y son ellos los protagonistas, no el profesor como en el aula magistral. El papel del profesor es ser guía y estar allí para proporcionarles *feedback* de lo que se les ha transmitido a través del vídeo y para ayudarles a aprender por su cuenta. Una de las ventajas por parte del docente es disponer de tiempo para cada uno de nuestros alumnos para ayudarles e interactuar con ellos, algo que es complicado realizar en una clase tradicional.

En la metodología *Flipped Classroom*, hay variantes más evolucionadas como *flipped learning forte, flip in colours, mastery learning*, sin embargo, en esta investigación, solo hemos aplicado la tradicional para empezar la experiencia *flip*.

Flipped Classroom y el Constructivismo

Como ya se ha señalado, el enfoque *Flipped Classroom* gira en torno a los discentes y sus principios provienen del constructivismo, basándose en que bajo la instrucción y guía del profesor, los mismos alumnos deben construir sus propios procedimientos para solucionar los problemas, modificar sus pensamientos y aprender constantemente.

Obviamente para la mayoría de los docentes y discentes, el rendimiento académico es importante, pero al mismo tiempo el proceso de aprendizaje pesa igual o debería ser mucho más valorado que eso, como consideraban los constructivistas. Para que sea más dinámico, interactivo y participativo el proceso de aprendizaje, plantearon implementar el *Active Learning* cuyas actividades son debates, proyectos de investigación, presentaciones orales, etc.

Cuando tratamos este tema, no podemos olvidar mencionar a Jean Piaget (1896–1980) y Lev Vygotsky (1896–1934): la teoría de Piaget es conocida como 'constructivismo cognitivo' y la de Vygotsky como 'constructivismo social'.

Según Piaget, el desarrollo cognitivo se realiza repitiendo los procesos de asimilar y acomodar las informaciones. Es decir, cuando alguien procesa una información nueva, primero la interioriza para unir la nueva con la que ya tiene en sus esquemas. Si no cuadra con ningún esquema, se acomoda y crea el nuevo esquema. Entre estos dos procesos de asimilación y acomodación debe haber equilibrio como entre las dos ruedas de un carro para que la situación cognitiva se adecue al entorno (Martín y Navarro 2011).

Por otro lado, Vygotsky defiende que el desarrollo tiene que ver con la actividad y la interacción social. Tomando el ejemplo de nuestro mundo educativo, la existencia del profesor o sus compañeros tiene la función de andamiaje. La teoría de andamiaje parte de la zona de desarrollo próximo (ZDP), que consideramos que es el trabajo más reconocido de Vygotsky (Vygotsky 1979). La zona de desarrollo real (ZDR) es lo que eres capaz de hacer sin ninguna ayuda y la ZDP es lo que podrás realizar con la ayuda de tu profesor o tus compañeros. La zona de desarrollo potencial (ZDPt) es lo que te es imposible realizar ahora mismo, pero tal vez puede que lo consigas más adelante. Hay que tener en cuenta que, cuando un alumno aprende, el aprendizaje debe situarse en la zona de desarrollo próximo, no en la zona de desarrollo real ni de desarrollo potencial.

Jerome Seymour Bruner (1915–2016) y David Paul Ausubel (1918–2008) son los que defendieron el modelo constructivista e investigaron centrándose en el proceso de enseñanza–aprendizaje. La teoría de Bruner denominada 'aprendizaje por descubrimiento' defiende que el proceso de aprendizaje se realiza por el descubrimiento guiado y que nuestra labor como docentes es ayudar al alumnado a desarrollar sus habilidades de construir su aprendizaje a través de sus experiencias y de resolver problemas por su cuenta. Es un método inductivo y el aprendizaje se desarrolla de lo particular a lo general. Según el investigador, el descubrimiento se divide en dos: el descubrimiento guiado y el autónomo (Bruner 1966). La teoría de andamiaje introducida por Wood, Bruner y Ross (1976) apoya el descubrimiento guiado y proviene de la zona de desarrollo próximo de Vygotsky. Como acabamos de ver, para nuestros alumnos el andamiaje puede ser el profesor, los compañeros o las herramientas didácticas como vídeos de *Flipped Classroom* o incluso no didácticas como móviles inteligentes.

Mientras el método de Bruner es inductivo, en la teoría del aprendizaje significativo planteada por Ausubel el proceso de aprendizaje debe realizarse mediante la recepción, de manera deductiva y de lo general a lo particular. Ausubel defiende que el aprendizaje significativo tiene lugar cuando "puede relacionarse, de modo no arbitrario y sustancial (no al pie de la letra) con lo que el alumno ya sabe" (Ausubel, Novak y Hanesian 1983, 37). Dicho de otra manera, el aprendizaje significativo se produce cuando el discente relaciona las nuevas informaciones aportadas por el docente o algún material con los conocimientos previos almacenados en sus esquemas.

En este apartado, hemos tratado sobre distintas teorías como la zona de desarrollo próximo de Vygotsky, la teoría de andamiaje de Vygotsky y Bruner, el aprendizaje por descubrimiento de Bruner y el aprendizaje significativo de Ausubel. Revisando los principios del constructivismo desde el punto de vista educativo, podemos resumir que el modelo *Flipped Classroom* comparte algunos puntos en común con los siguientes:

- El protagonismo en el aula gira alrededor del alumnado y el profesor ejerce el papel de tutor, instructor o guía.

- Mediante sus experiencias, el alumno reflexiona sobre su proceso de aprendizaje y forma uno propio para solucionar las dudas.

- El alumno construye los nuevos conocimientos asimilándolos y acomodándolos con los que tenía anteriormente.

- Con la ayuda del entorno, es decir, del profesor o de sus compañeros, un alumno es capaz de adquirir mayor capacidad o desarrollo real que estando solo.

- El alumno consigue asumir la responsabilidad de su propio aprendizaje.

Por último, tratamos sobre la Taxonomía Revisada de Bloom (Anderson y Krathwohl 2001), donde se refleja el concepto del constructivismo. La Taxonomía se divide en seis niveles cognitivos representados en una pirámide que consideramos imprescindibles para el aprendizaje de los alumnos. Originalmente, Bloom la creó en 1956, sin embargo, Anderson y Krathwohl la revisaron posteriormente, dando lugar a la versión que conocemos hoy en día. Con el avance de la tecnología, en 2009, Andrew Churches la actualizó para la Era Digital donde introdujo nuevos términos relacionados con la tecnología digital como bloguear, comentar en un *blog*, hacer búsquedas en Google, etc.

La Taxonomía Revisada de Bloom muestra las estrategias que se generan en el proceso de aprendizaje en las clases tradicionales. Allí las habilidades de pensamiento van de lo más simple a lo más complejo y el tiempo que se dedica en clase a ellas también es proporcional. Quiere decir que en la clase magistral los estudiantes dedican su tiempo en el aula a estudiar la teoría escuchando las explicaciones del profesor y a apuntar los contenidos en su cuaderno. Generalmente no les da tiempo a asimilarlos en el aula y tienen que hacerlo en casa solos, realizando los deberes. El problema es que algunos alumnos son incapaces de comprender los contenidos sin ayuda y se quedan con dudas que dejan sin solucionar. Cuando un alumno intenta asimilar la teoría, necesita su andamiaje, o sea, la ayuda del profesor o de los iguales.

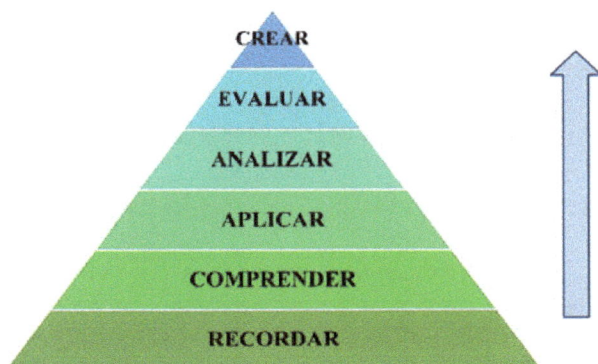

Figura 1: Elaboración propia basada en la Taxonomía Revisada de Bloom (Anderson y Krathwohl, 2001).

Por consiguiente, Bergmann planteó 'flipear' la Taxonomía Revisada de Bloom como en la siguiente figura para que los alumnos pudieran tener suficiente tiempo para asimilar y acomodar los contenidos curriculares:

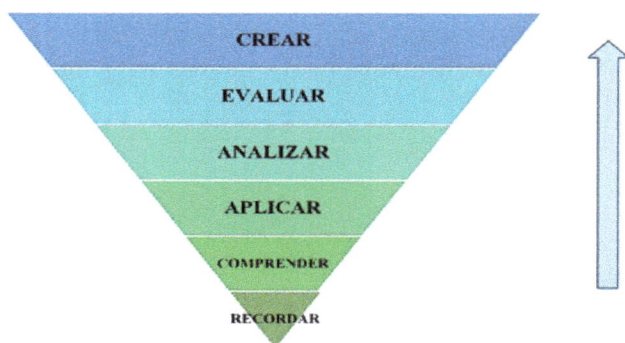

Figura 2: Elaboración propia basada en la Taxonomía Revisada y 'Flipeada' de Bloom.
(Flipping Bloom's Taxonomy[1]).

La figura 2 expone que cuando un alumno aprende, sus habilidades de pensamiento van del orden inferior al superior como en la figura anterior (figura 1). Sin embargo, nos damos cuenta de que aquí se dedica menos tiempo a las categorías inferiores, como 'recordar,' 'comprender' y 'aplicar', mientras que las superiores, como 'analizar' 'evaluar' y 'crear', ocupan más tiempo. Al dar la vuelta a la clase, los alumnos visionan vídeos teóricos con antelación por lo que ellos recuerdan, comprenden y aplican los contenidos en casa. Luego los analizan, los evalúan y crean algo nuevo relacionado con los contenidos en clase, que son más complicados de realizar y que requieren la ayuda del profesor o de los compañeros como muestran tanto en la teoría de andamiaje como en la ZDP de Vygotsky. Así, los alumnos pueden resolver todas sus dudas.

A lo largo de este apartado, hemos puesto de manifiesto que el aula invertida está basada en las teorías constructivistas junto con su efectividad.

Flipped Classroom y aprendizaje basado en juegos

Como hemos aclarado anteriormente, lo central del enfoque *Flipped Classroom* es enriquecer las actividades en el aula, no luchar para terminar los temarios ni visionar los vídeos educativos. Hoy en día, existen varios materiales tanto analógicos como digitales; sobre todo, tras la pandemia de 2020, puesto que en las instituciones educativas ha aumentado la demanda de las aplicaciones o

---

1. Flipping Bloom's Taxonomy. https://www.theflippedclassroom.es/flipping–blooms–taxonomy/

herramientas digitales como *Kahoot!*, *Socrative*, *Edpuzzle*, etc., que ofrecen varias opciones tanto a los docentes como a los discentes. Es cierto que algunos alumnos consideran que se pierde el sentido de acudir a clase teniendo los materiales teóricos, por lo tanto, es primordial cómo lo gestionamos dentro de clase para motivar a nuestros estudiantes, como explican Santiago y Bergmann (2018):

> La creación de objetos de aprendizaje individuales y espaciales es importante, pero no tiene auténtica relevancia para crear actividades atractivas cara a cara. Recuerda que el espacio grupal es el momento en que todos los estudiantes están contigo en el mismo espacio, ya sea en el espacio físico o virtual. (104)

Según los dos autores, los docentes que implementan el aula invertida suelen usar principalmente las estrategias como aprendizaje cooperativo (77,38 %), juegos (65,10 %), aprendizaje basado en proyectos (59,52 %) y aprendizaje entre iguales (51,79 %) (Santiago y Bergmann 2018). Podemos observar que los juegos o la gamificación son las opciones preferidas de la mayoría de los profesores. Los juegos han estado siempre muy presentes en la enseñanza, especialmente en la de idiomas, tanto de segundas lenguas como de lenguas extranjeras. Además, Prensky (2001) afirma que los alumnos que son 'nativos digitales' prefieren los juegos a los trabajos tradicionales y también se sienten más atraídos por ver gráficos que por leer textos, así que es lógico que tengamos cierta confianza en los juegos[2].

Obviamente hay fundamentos para que los docentes confíen en la estrategia de gamificación o juegos. Uno de ellos tiene que ver con la motivación. Primero, los alumnos pueden estar motivados extrínsecamente por los puntos de recompensas al haber visionado vídeos o haber hecho los deberes fuera del aula. Sin embargo, Teixa (2014) confirma que, en caso de que un alumno no esté motivado intrínsecamente, la motivación no aumenta o solo dura a corto plazo. Al gamificar la clase o aplicar juegos en los contenidos curriculares, los alumnos aprenden divirtiéndose e, incluso, se despierta el interés o la curiosidad hacia el estudio. Así, terminan cambiando totalmente su actitud tanto dentro como fuera de clase a la hora de aprender algo y en ese caso sí que están motivados intrínsecamente. Por ejemplo, además de una música y un diseño que les motivan, *Kahoot!* sirve para comprobar si ya habían visto vídeos y habían comprendido los materiales curriculares. Para los alumnos, con esta herramienta es más divertido comprobar si han entendido bien la teoría o no que simplemente hacer los ejercicios y además el aprendizaje es mucho más significativo.

También los juegos pueden aportar una seguridad o confianza al alumno en sí mismo (Wright 1984). Cuando fusionamos el aula inversa y la gamificación, el

---

2. Prensky, Marc. 2011. Nativos Digitales, Inmigrantes Digitales. https://aprenderapensar.net/2011/09/27/nativos–digitales/ Traducción realizada por Julia Molano para www.aprenderapensar.net. Texto original: www.marcprensky.com/writing

sujeto puede estudiar la parte teórica con su ritmo antes de acudir a clase hasta que la entienda y luego en el aula, puede experimentar repetidamente los pequeños éxitos para ganar la confianza en sí mismo mediante los juegos.

Otra palabra clave para demostrar la efectividad de los juegos es la práctica oral. En los cursos de idiomas, los alumnos esperan desarrollar cuatro destrezas (hablar, escuchar, escribir, leer) dentro del aula, sobre todo a la mayoría de los alumnos le interesa tener una práctica oral activa, a pesar de que el tiempo es limitado. Como ya habíamos comentado varias veces, la mayor ventaja del aula invertida es poder gestionar el tiempo en el aula libremente sin preocuparnos de los temarios. A través de los juegos hay interacciones entre los iguales y se comunican en la lengua meta. Así, los alumnos aprenden rápidamente y mejoran las competencias orales.

Por consiguiente, podemos justificar que la combinación entre la metodología *Flipped Classroom* y el aprendizaje basado en juegos funciona perfectamente y aporta muchas ventajas tanto al profesorado como al alumnado.

Metodología

Participantes

Hemos sacado la muestra de los cursos académicos 2016–2017 y 2018–2019 en el Centro de Idiomas de la Universidad de Valladolid donde impartíamos el curso del idioma japonés. Participaron 12 sujetos[3] de cada curso, porque 5 alumnos del Nivel 4 del curso 2018–2019 coincidían con los del Nivel 2 del curso 2016–2017 y así podemos hacer una comparación entre ellos y ver su proceso de aprendizaje. Además, el resto de los alumnos ya venía con la experiencia del enfoque *Flipped Classroom* del curso anterior. Suponemos que estos datos son muy importantes y pueden influir mucho en el resultado de la investigación.

El curso del idioma japonés está abierto al público a partir de 14 años, por lo tanto, se matriculan no solo estudiantes universitarios, sino de secundaria o de bachillerato y trabajadores. En los últimos años se ha incrementado el número de adolescentes matriculados en el curso por la influencia de los *animes* y *mangas*. Respecto a los estudiantes universitarios, tras terminar el grado intentan seguir con su estudio del japonés; sin embargo, la mayoría lo deja por la incompatibilidad con el horario laboral. Los empleados siguen generalmente su estudio a largo plazo, aunque dependiendo de su profesión algunos suelen faltar a clase en la época de mayor trabajo en sus empresas.

---

3. Este número no se corresponde con el número de los matriculados ni con los cursados en el centro.

Tabla 1: Distribución por ocupación. (Fuente: Elaboración propia)

Curso	Número de trabajadores	Número de estudiantes	Otros
2016–2017	3	8	1
2018–2019	4	6	2

Tabla 2: Distribución por edad. (Fuente: Elaboración propia)

Curso	> 20 años	21–30 años	31–40 años
2016–2017	1	9	2
2018–2019	0	10	2

Creemos necesario destacar algunas características especiales de los alumnos del Centro de Idiomas: la principal es la heterogeneidad, es decir, cada uno tiene perfil muy distinto, por ejemplo, la franja de edad es bastante amplia y las profesiones varían comparando con los grupos universitarios. La segunda es que la motivación es considerablemente alta y se esfuerzan todo lo posible para poder compaginar el curso con su estudio o trabajo. A pesar de que sea incoherente, también es cierto que existe una tasa alta de absentismo en el aula por las obligaciones académicas en las épocas de exámenes de los estudiantes o por exceso de tareas de los trabajadores. Por último, para la mayoría de los aprendices del Centro de Idiomas, el principal objetivo es acercarse al país nipón y conocer la cultura a través del idioma y no es siempre necesario avanzar en ciertos contenidos curriculares como en el ámbito universitario. Lo más importante para ellos es aprenderlo bien y disfrutar del momento con su profesor y sus compañeros, porque puede que sea el único sitio donde tienen contacto directo con el idioma. Actualmente existe una gran cantidad de herramientas educativas en las aplicaciones móviles y en internet y se puede aprender de manera autodidacta mucho más fácil que antes, sin embargo, también es verdad que hay cierto número de alumnos que buscan este tipo de enseñanza–aprendizaje, o sea, presencial y con una atención más cercana.

Planificación y diseño

Para dar la vuelta a la clase, empezamos primero con la elaboración de vídeos teóricos. En la actualidad, podemos encontrar multitud de vídeos educativos en internet y usarlos para empezar la experiencia del aula invertida. En nuestro caso, los elaboramos nosotros mismos, porque así pudimos hacerlos a medida para los alumnos del Centro de Idiomas y además, una vez que los hicimos, fue posible reutilizarlos en los cursos posteriores y eso, al fin y al cabo, nos facilita ofrecer la misma calidad a nuestros alumnos reduciendo un poco la carga de los profesores.

Los vídeos consisten en los contenidos gramaticales del libro de texto de *Minna no Nihongo I* [4], en concreto, de la lección 8 a la 14 (Nivel 2) y de la lección 23 a la 29 (Nivel 4). En total, el número de vídeos elaborados alcanzó a 20 para el curso de Nivel 2 y a 16 para Nivel 4.

Al elaborar materiales audiovisuales, existían varias opciones como *Explain Everything* u otras herramientas, sin embargo, decidimos utilizar *Power Point* por su facilidad de manejo y por la escritura de los silabarios japoneses, porque las herramientas no suelen estar disponibles para el idioma japonés. Luego almacenamos los vídeos en *Google+*, pero tras finalizar su servicio en el año 2017, cambiamos a *YouTube*.

A la hora de elaborar vídeos, tuvimos en cuenta dos puntos importantes: la brevedad y la sencillez. Según Bergmann y Sams (2014), nuestros alumnos son de la generación de *YouTube* y prefieren las cosas en pequeñas dosis. Entonces, elaboramos los vídeos por temas y el promedio de la duración de todos los vídeos del curso de japonés era de 3 min 51 s (el vídeo más breve duraba 1 min 01 s y el más extenso duraba 7 min 44 s). Además, no queríamos que el visionado de los materiales audiovisuales fuera una carga para ellos. Asimismo, desde el punto de vista del constructivismo, cuando uno aprende, el docente no debe aportar todas las informaciones o respuestas al discente, porque él mismo debe relacionar las informaciones nuevas con las anteriores que tenían almacenadas en su esquema. En nuestro caso, los vídeos del aula invertida sustituyen a las explicaciones gramaticales, por lo tanto, intentamos solo meter las informaciones básicas al respecto y cuando compartimos dudas en las clases presenciales, podemos lanzar algunas cuestiones que les muevan a pensar.

Después de experimentar el estudio piloto, hemos aplicado algunas modificaciones. Primero, hemos puesto la voz en el vídeo para poder explicar mejor los contenidos gramaticales. Nuestros alumnos solo estudian 4 horas a la semana en la clase presencial, por lo tanto, creemos que pueden servir como una clase virtual y les vienen bien para su aprendizaje y también para conocernos mejor. Otro cambio ha sido integrar los pequeños cuestionarios al final del vídeo. Subir el porcentaje del visionado de vídeos era un reto para nosotros. Aunque la mayoría de los alumnos lo cumplían, era importante que todos ellos lo vieran antes de acudir a la clase. Hemos pedido que escriban las respuestas en su cuaderno para que podamos compartir las soluciones en el aula.

Como ya hemos mencionado, aprender solo los contenidos curriculares no es suficiente. La implementación de esta metodología nueva nos facilita dedicar más tiempo en varias prácticas orales o escritas especiales como *kanji* o caracteres chinos. También, debido a las características del Centro de Idiomas, hay que dar

---

4. 3A Corporation. 1998. *Minna no Nihongo Elementary I Second Edition*. Tokyo: 3A Corporation.

importancia a los aspectos culturales. Entonces, en la clase presencial tratamos más sobre las prácticas orales y escritas, resolución de ejercicios y actividades culturales[5] como *origami* o papiroflexia y *shodō* o caligrafía japonesa. Durante las sesiones intentamos introducir juegos en el temario o gamificar el aula, sobre todo, aplicamos *Kahoot!* para comprobar si ya el alumno había visto el vídeo antes de acudir a clase.

Implementación de la metodología *Flipped Classroom*

Primero, como el estudio piloto, implementamos el aula invertida desde enero hasta marzo del año 2016. Cada clase duraba 110 minutos y los alumnos recibían dicha metodología dos días a la semana. Esta investigación se realizó en un total de 34 horas lectivas.

La implementación del aula invertida se llevó a cabo de la siguiente manera:

1. Antes de las clases presenciales, la profesora manda el enlace de vídeos colgados en *YouTube* al grupo de *WhatsApp* de los alumnos.

2. Después de visionar los vídeos teóricos, el alumnado realiza unas pequeñas tareas que aparecen al final del vídeo.

3. En clase presencial, comparten dudas de dichas tareas y luego solucionan problemas o hacen ejercicios tanto con la profesora como con sus compañeros por parejas o en grupo. En teoría, los ejercicios son escritos, sin embargo, les pedimos que practiquen oralmente también.

4. Tras aclarar las dudas, realizan actividades relacionadas con el temario para profundizar en el aprendizaje utilizando juegos, intercambiando la información repartida entre alumnos, haciendo *role playing* o entrevistas, debates, etc.

Asimismo, a principios de octubre del año 2018, realizamos otra investigación en las mismas condiciones, aunque introdujimos el enfoque *Flipped Classroom* durante todo el curso, es decir, el total de horas lectivas fue 80.

Resultados

Primero, por parte del docente, al aplicar la metodología *Flipped Classroom*, como podemos observar en el gráfico 1, el diseño de clase ha cambiado totalmente. En vez de dar la parte teórica, hemos conseguido dedicar más tiempo para las

---

5. En general, realizamos las actividades culturales fuera de clase, pero dentro del calendario lectivo del Centro de Idiomas.

actividades, por parejas o en grupo, relacionadas al temario, conversaciones y prácticas de la escritura japonesa, *kanji*. Según los comentarios vertidos por los discentes, la clase les ha parecido más dinámica y activa que antes y ha sido uno de los puntos clave para ellos a la hora de elegir su método preferido entre el tradicional y el innovador.

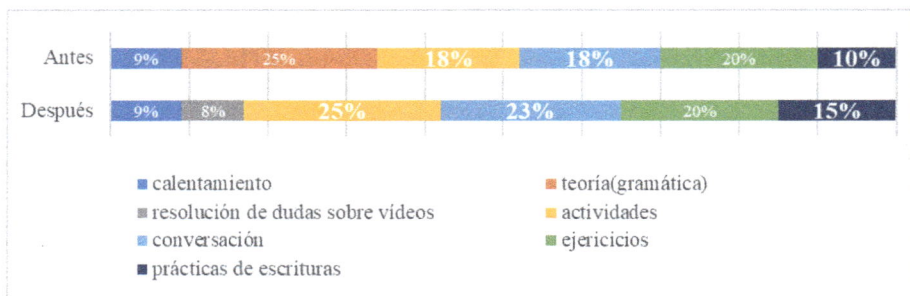

Gráfico 1: Distribución del tiempo en el aula antes de la implementación de la clase invertida y después de ella. (Fuente: Tsukada 2018)

Por parte de los discentes, ha aumentado el tiempo de estudio fuera del aula. La mayoría de ellos preparaba sus apuntes mientras visionaba los vídeos como si recibiera el curso *online*. Eso significa que no solo se ha duplicado el tiempo dedicado al estudio, sino que también ha tenido tiempo suficiente para asimilar los nuevos contenidos con su ritmo, antes de acudir a clase para que luego en el aula pueda profundizar en ellos. Es un cambio radical en el proceso de aprendizaje para los alumnos.

A continuación, veremos las opiniones de los participantes. Como ya hemos mencionado con anterioridad, en el estudio piloto del año 2016–2017, el 83 % de los alumnos no habían experimentado nunca esta metodología innovadora. A pesar de esa cifra, el 75 % de ellos ha visto todos los vídeos y el 83 % los ha visionado antes de clase, que es la clave de la clase al revés. Además, casi la mitad de ellos los utilizó para cuando faltaban a clase y un cuarto también los aprovechó como un material para repasar antes de los exámenes. Por lo que el 83 % ha notado de alguna manera el cambio en su aprendizaje o su manera de aprendizaje y suponemos que esos cambios le han favorecido, porque esa cifra coincide con el número de los alumnos que ha elegido el aula invertida como la metodología preferida.

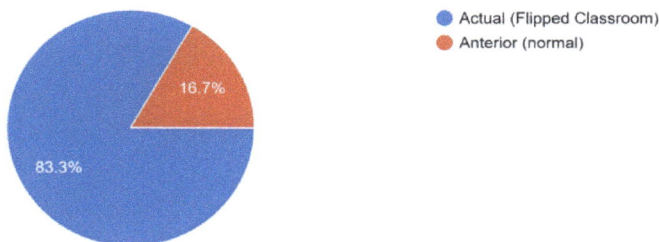

● Actual (Flipped Classroom)
● Anterior (normal)

16.7%

83.3%

Gráfico 2: Porcentajes de alumnos a favor de la metodología *Flipped Classroom* y de la tradicional en el curso 2016–2017. (Fuente: Elaboración propia)

Según los comentarios de los alumnos a favor de este enfoque, hemos podido aprovechar el tiempo al máximo en el aula practicando oralmente o haciendo actividades o juegos tanto analógicos como digitales, sobre todo, les parecía atractiva y motivadora la aplicación *Kahoot!*. Asimismo, algunos opinaban que los vídeos les ayudaban a comprender mejor los contenidos del temario.

Respecto a la investigación del año 2018–2019, todos los alumnos ya habían experimentado dicha metodología en los cursos anteriores con nosotros, por consiguiente, el proceso de la implementación era mucho más fácil y lo realizamos sin ninguna dificultad. Eso se reflejaba en el resultado; no solo 12 alumnos vieron todos los vídeos, sino que el 83 % de ellos los visionaron antes de clase. Casi el 60 % los visionó incluso cuando se ausentaba de la clase o antes de los exámenes. Hay que añadir, además, que después de clase los vieron casi todos los alumnos.

También nos llama la atención que mientras que a los alumnos les importan mucho los ejemplos, explicaciones o ejercicios, no dan mucha importancia a la duración de los vídeos. Es decir, es justo lo contrario que han comentado Bergmann y Sams (2014), como hemos señalado anteriormente. Es un dato interesante, porque los estudiantes suelen preferir un planteamiento sencillo y corto si tiene que ver con su estudio.

Las pequeñas modificaciones realizadas también han influenciado positivamente, porque el 92 % contestó que era necesaria la voz del profesor. Resulta que el 100 % de ellos está a favor de la clase invertida e incluso un alumno que en el estudio piloto del año 2016–2017 estaba en contra de ella esta vez ha tomado favorablemente la experiencia. Todos los comentarios al respecto eran muy buenos: algunos de ellos se fijaron en la agilidad y la dinámica de clase y otros mencionaron la utilidad a la hora de ausentarse o repasar.

100%

Actual (Flipped Classroom)
Anterior (normal)

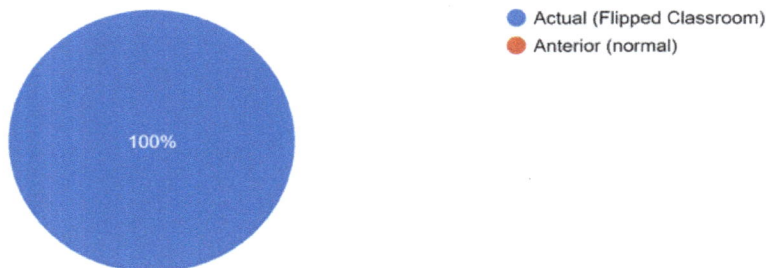

Gráfico 3: Porcentajes de alumnos a favor de la metodología *Flipped Classroom* y de la tradicional en el curso 2018–2019. (Fuente: Elaboración propia)

Conclusión

Antes de dar la vuelta a la clase, tuvimos dos problemas principales: la agilidad de la docencia en el aula y el absentismo de los alumnos trabajadores. Con la implementación de la clase invertida, como esperábamos, el ritmo del curso avanzó mucho más que en los cursos anteriores y se pudo dedicar más tiempo en las actividades para profundizar la materia o practicar las escrituras *kanji* o los ejercicios orales, o incluso organizar actividades culturales dentro del calendario lectivo.

También, los alumnos empezaron a organizarse mejor con los vídeos preparatorios en caso de ausentarse. Por lo que los alumnos no sintieron que iban atrasados cuando faltaban a clase y bajó considerablemente la tasa de abandono del curso de japonés por su trabajo o estudio.

Lo interesante es que los vídeos servían no solo para adelantar los temarios antes de acudir a clase o para cubrir su ausencia en clase, sino también para repasarlos después del tiempo en el aula o antes de los exámenes. Eso quiere decir que el enfoque *Flipped Classroom* aporta varias opciones de aprendizaje al alumnado, el cual puede tomar decisiones sobre cuándo y cómo aprende, convirtiéndose en un sujeto responsable de su propio aprendizaje.

Asimismo, en la clase presencial, pudimos observar que los alumnos eran los que tomaban la iniciativa en el aula, no la profesora. Interaccionaban e intentaban solucionar dudas entre ellos cuando las compartíamos al principio de la clase. Además, en casa tuvieron tiempo suficiente para asimilar ellos solos los contenidos con antelación. Suponemos que lo de no aportar demasiadas informaciones en los vídeos funcionó perfectamente y así el alumnado no pierde la oportunidad de pensar por sí mismo y solventar dudas solo o con los iguales en clase.

Por último, comparando los datos del curso académico 2016–2017 con los del 2018–2019, se nota que no todos los aprendices estaban totalmente convencidos del método nuevo, sin embargo empezaron a coger confianza experimentándolo a lo largo de estos años. Consideramos que fue por la eficacia y la seguridad que sintieron a través de la experiencia de la metodología. Es normal que al principio a uno le cueste adaptarse a algo nuevo, pero, si le resulta rentable o fructífero el cambio, se acostumbra enseguida.

Impartir clases en una institución educativa como el Centro de Idiomas cuyos alumnos son heterogéneos, es un reto para muchos profesores, porque es primordial tomar medidas y adaptarse a la demanda bastante diversa y, a la vez, luchar contra el tiempo. La metodología *Flipped Classroom* encaja a la perfección en la forma de enseñanza–aprendizaje que buscan tanto alumnos como profesores. Además da un resultado favorable en el proceso de aprendizaje, porque el alumno aprende verdaderamente y es mucho más eficaz tanto dentro como fuera del aula. Esperamos seguir analizando detalladamente los datos obtenidos en estos tres años y, en el futuro, indagar cada caso realizando entrevistas personales. También será interesante comparar con otros centros educativos, como la universidad, para encontrar la divergencia entre ellos.

REFERENCIAS

Anderson, Lorin, y David Krathwohl. 2001. *A Taxonomy for Learning, Teaching and Assessing: A Revision of Bloom's Taxonomy of Educational Objectives: Complete Edition*. New York: Longman.

Ausubel, David, Joseph Novak, y Helen Hanesian. 1983. *Psicología educativa: un punto de vista cognoscitivo. (2.ª ed.)*. México: Trillas.

Bergmann, Jonathan, y Aaron Sams. 2014. *Dale la vuelta a tu clase: lleva tu clase a cada estudiante, en cualquier momento y cualquier lugar*. España: Ediciones SM.

Bruner, Jerome. 1966. *Toward a Theory of Instruction*. Cambridge, MA: Harvard University Press.

Martín, Carlos, y José I. Navarro (coords). 2011. *Psicología para el profesorado de Educación Secundaria y Bachillerato*. Madrid: Ediciones Pirámide.

Ogawa, Tsutomu 小川勤. 2015. "Hanten jugyō no yūkōsei to kadai ni kansuru kenkyū. Daigaku ni okeru hanten jugyō no kanōsē to kadai" 反転授業の有効性と課題に関する研究—大学における反転授業の可能性と課題— [Investigación sobre la efectividad y el límite del aula invertida: posibilidades y limitaciones del aula invertida en las universidades]. *Daigaku kyōiku* 大学教育 12: 1–9.

Santiago, Raúl, y Jon Bergmann. 2018. *Aprender al revés. Flipped Learning 3.0 y metodologías activas en el aula*. Barcelona: Paidós Educación.

Teixa, Ferran. 2014. *Gamificación: fundamentos y aplicaciones*. Barcelona: Editorial UOC.

Tsukada, Mayumi 塚田真由美. 2018. "Gogaku sentā de manabu gakushūsha eno hantengata jugyō no jissen hōkoku. Yoshūdōga dōnyū niyoru jugyō naigai deno gakushūkētai no henka." 語学センターで学ぶ学習者への反転型授業の実践報告—予習動画導入による授業内外での学習形態の変化— [El uso de video preparatorio en la Flipped Classroom: análisis del proceso de aprendizaje de los alumnos del Centro de Idiomas]. *Acta del IV simposio de la Asociación de Profesores de japonés en España* 第4回スペイン日本語教師会シンポジウム発表論文集: 13–14.

Vygotsky, Lev. 1979. *El desarrollo de los procesos psicológicos superiores*. Traducido por Silvia Furió. Barcelona: Crítica.

Wood, David, Jerome Bruner, y Gail Ross. 1976. "The role of tutoring in problem solving". *Journal of Child Psychiatry and Psychology* 17(2): 89–100.

Wright, Andrew, David Betterdige, y Michael Buckby. 1984. *Games for Language Learning*. Cambridge: Cambridge University Press.

Capítulo 5

La poesía japonesa y la promoción de la comprensión personal intercultural

Minako Takahashi, Universidad de Santiago de Compostela

Resumen

Debido a la globalización y a la diversidad del mundo actual, cada vez estamos más expuestos a múltiples culturas y lenguas en nuestra comunicación diaria. La necesidad de comprensión intercultural e ideológica es cada vez más importante. Sin embargo, este entendimiento no debe basarse en el esencialismo cultural. En esta presentación, nos centraremos en la importancia de la cultura individualizada que cada persona crea en su propia comprensión sobre las culturas distintas a la suya. Por ello, esta investigación ha ofrecido a los estudiantes de japonés del nivel básico la oportunidad de debatir sobre su propia visión de Japón compartiendo sus percepciones de la sociedad japonesa contemporánea y de la vida, los pensamientos y las emociones de los japoneses a través de la poesía tradicional 川柳 (*senryū*). Reflexionaremos sobre cómo este intento ha sido una experiencia en cuanto a la propia comprensión de la cultura y la sociedad por parte de los estudiantes, basándonos en sus opiniones e impresiones.

Palabras clave: Senryū, poesía japonesa, multiculturalismo, comprensión intercultural, cultura del individuo

La comprensión intercultural y el multiculturalismo

La globalización y el desarrollo de la tecnología han hecho que el mundo sea más diverso y multicultural, aumentando la necesidad de comprensión intercultural en la comunicación. Según la Declaración Universal de la UNESCO (2001) sobre la diversidad cultural, la cultura se define como:

> el conjunto de características espirituales, materiales, interculturales y afectivas propias de una sociedad incluyendo el arte, la literatura, los estilos de vida personal y comunitaria, los valores, las tradicionales y las creencias. Se refieren a la necesidad de reconocer la diversidad cultural y la unidad de la humanidad,

mediante confianza y comprensión mutua. El objetivo último es concienciar y animar a la gente a formar su propia opinión informada acerca de la diversidad cultural, promoviendo siempre la comunicación intercultural [1].

Así pues, esta consiste en aceptar y convivir con la diversidad de personas y culturas, y en obtener nuevas percepciones. Si vemos la cultura como algo esencialista, como algo estereotipado, tendemos a sesgar nuestra perspectiva, haciendo que pasemos por alto culturas que son, de hecho, multifacéticas y complejas. De este modo, nos impide ver la esencia de la cultura.

Por ejemplo, Miyo (2003), señala que la enseñanza sobre la "cultura japonesa", el "país Japón" y la "sociedad japonesa" por parte de los profesores nativos a personas de otras culturas puede conducir a la formación de ideas e impresiones estereotipadas, lo que puede obstaculizar el verdadero entendimiento intercultural. Para evitarlo, es necesaria una educación cultural centrada en los estudiantes, en la que descubran y aprendan por sí mismos, en lugar de la propia interpretación de la "cultura" por parte del profesor (Hosokawa 2004). Son los propios estudiantes quienes, completando tareas o actividades, reconocerán y apreciarán los elementos culturales que los distinguen y quienes aprenderán a través de sus propias experiencias (Hosokawa 2004; Miyo 2003). La cultura no es un fenómeno social definitivo y fijo, sino que también se expresa a través de las capacidades cognitivas de los individuos. Se percibe una cultura a través de la totalidad de los conocimientos acumulados y construidos a partir de las experiencias de cada individuo. En otras palabras, como Hosokawa (2004) y Miyo (2003) definen, cada uno forma su propia "個の文化 (*ko no bunka*, cultura del individuo)", que es lo que le permite reconocer y comprender la cultura de su propio país y las demás.

Nivel de la comprensión intercultural

Bennett (2004) define la cultura como "los patrones normativos de valores, creencias y comportamientos que son aprendidos y compartidos por un grupo de personas cuando interactúan entre sí". También afirma que la percepción de las diferencias culturales dependería de las experiencias del individuo y del desarrollo de la comprensión intercultural, que se transforma por la percepción del individuo adquirida a través de la comunicación mutua con los demás. Propuso un modelo

---

1. Organización de las Nacionales Unidas para la Educación, la Ciencia y la Cultura. 2001. "Declaración Universal de La UNESCO Sobre La Diversidad Cultural." *UNESCO*. El 2 de noviembre de 2001. http://portal.unesco.org/es/ev.php– URL_ID=13179&URL_DO=DO_TOPIC&URL_SECTION=201.html (último acceso: 9 de noviembre de 2021).

de desarrollo de la sensibilidad intercultural para describir el grado de aceptación de una cultura distinta a la suya.

Su modelo consta de seis etapas para el reconocimiento y la aceptación de culturas diferentes a la propia. Las tres primeras consisten en centrarse en la propia cultura, manteniendo la superioridad de la propia, mientras se observa estereotipadamente la cultura del otro. Dentro de ellas, el primer paso es la "negación", que es el nivel en el que no somos conscientes de las diferencias o no somos capaces de reconocer otras culturas. Le sigue la "defensa", en la que somos conscientes de las diferencias, pero tomamos siempre la iniciativa para defender nuestra propia cultura sin pensarlo de forma razonada. La tercera es la "minimización", en la que encontramos diferencias entre la propia cultura y las otras, pero reconocemos que todas las personas son iguales, aunque tengamos pequeñas diferencias. Esto impide alcanzar una comprensión verdadera y profunda. Por otro lado, en la segunda mitad del proceso, de la cuarta etapa a la sexta, utilizamos nuestras propias experiencias para obtener nuevas perspectivas, alternando entre la cultura propia y la ajena para conseguir los mejores aspectos de cada una, y avanzamos hacia una comprensión y aceptación más profundas. Por ejemplo, la cuarta etapa es la "aceptación", en la que reconocemos y respetamos las diferencias. Luego, en la quinta etapa, en la "adaptación", respetamos y aceptamos la cultura del otro, a pesar de los aspectos negativos que hayamos podido detectar en la etapa anterior. En la última etapa, la "integración", somos capaces de integrarnos en la cultura del otro, de seleccionar las mejores cualidades de cada una para formar una perspectiva propia, habiendo visto el marco completo. En otras palabras, en las tres primeras etapas tendemos a percibir las diferencias entre nuestra propia cultura y la otra distinta según nuestros propios criterios e imágenes estereotipadas, pero no se emite un juicio de valor. No se tiene el conocimiento práctico necesario como para detectar de forma personal los valores positivos o negativos. En cambio, durante las tres últimas etapas tomamos conciencia de la existencia de diferentes contextos en otras culturas, y a través de nuestra experiencia en otras culturas, adquirimos una nueva conciencia de nuestra propia cultura y una nueva perspectiva sobre otras culturas.

Como señalan Miyo (2013) y Bennett (2004), es fácil tratar las diferencias culturales entre distintos países y grupos étnicos como algo sistemático y estereotipado, sin embargo, la verdadera comprensión intercultural es mucho más que eso.

Objetivos de la investigación

Como hemos hablado anteriormente, la cultura es la expresión como capacidad cognitiva individual, es decir, la percepción de la cultura a través del conjunto de conocimientos construidos a partir de la experiencia y acumulados en la vida interior de cada persona, que es la *ko no bunka*. En general, surgen dos formas de pensar e imaginar cuando se nos plantea la pregunta: ¿Cómo es la cultura japonesa? La primera es el llamado estereotipo, que es una tipología de grupo de conceptos sociales, culturales, económicos e ideológicos. Se trata de una situación en la que creemos en la información que nos llega del exterior. La otra es estar expuesto a diferentes culturas desde el propio punto de vista, hacer descubrimientos y pensar y percibir por uno mismo a través de experiencias con diferentes culturas y personas.

Esta presentación intenta averiguar cómo los profesores pueden impartir clases cuando se centran en la *ko no bunka* de los estudiantes sin caer en el esencialismo cultural o en una visión estereotipada. Como forma de abordar esta cuestión, se va a tomar como referencia el "aprendizaje de la lengua japonesa vinculando cultura" de la teoría de Hosokawa (2002b), y se trata el aula como un lugar para el proceso de descubrir la cultura juntos (profesor y estudiantes, y entre estudiantes), en vez de tratarse como un lugar para obtener conocimientos e información del profesor.

Entonces, ¿de qué manera pueden los profesores transmitir la cultura a los estudiantes sin caer en el esencialismo cultural?, ¿cómo pueden los estudiantes con diferentes perspectivas y experiencias percibir y comprender los elementos culturales? y ¿qué tipo de actividades debemos realizar en la enseñanza del japonés para promover la aceptación y la comprensión de la cultura y la sociedad japonesas por parte de los estudiantes? Esta investigación analiza una actividad cognitiva basada en la poesía japonesa tradicional *senryū*, una actividad como un intento de desarrollar la *ko no bunka*. Así que, los objetivos de este estudio son los siguientes:

1. Examinar los efectos de la actividad en la *ko no bunka* de los estudiantes.

2. Analizar el papel del profesor para el desarrollo de la *ko no bunka* de los estudiantes.

Metodología

Esta actividad se ha realizado haciendo caso al Aprendizaje en problemas, como centrarse en el proceso de aprendizaje de la búsqueda y resolución de problemas por parte de los estudiantes, en consonancia con la teoría "centrada en el alumno" de Hosokawa (1995, 2002b). Se ha ofrecido a los 20 estudiantes de japonés del nivel básico (nivel A2 del Marco Común Europeo de Referencia (MCER [2])) una

---

2. Consejo de Europa. 2020. *Marco común europeo de referencia para las lenguas: aprendizaje, enseñanza, evaluación. Volumen complementario.* S Estrasburgo: Servicio de publicaciones del Consejo de Europa. www.coe.int/lang–cefr.

actividad cultural con el uso de la poesía tradicional japonesa 川柳 (senryū)[3], como parte de las actividades cognitivas en el aula. Durante la actividad había dos formas de tratar la poesía senryū (véase el punto 4.1 para más detalles). En el primer paso, los estudiantes leen algunos de los senryū en japonés para hacerse una idea del contexto social, el tema y el mensaje del autor que se transmite. A continuación, ellos escriben su propio poema senryū en japonés, reflejando sus propias imágenes y experiencias sobre Japón, relacionadas con un tema social que les interesa. Optamos por utilizar la poesía senryū por las tres razones siguientes:

1. No se requiere un alto nivel de conocimientos gramaticales para hacerla.

2. No hay muchas reglas estrictas como la poesía haiku.

3. Por las características de la poesía *senryū*, como la sátira social y la expresión de las emociones humanas, esta puede ser un medio para comprender los acontecimientos y los fenómenos sociales de Japón actual y las formas de vida y los sentimientos de los japoneses.

A partir de las producciones de los estudiantes y de sus impresiones y opiniones durante y después de la actividad, juzgamos si se consiguió mejorar su comprensión e inmersión intercultural, utilizando la escala de etapas de aceptación intercultural de Bennett (2004). La adecuación de la actividad también se evaluó en función de las acciones del profesor durante la actividad y de las reacciones de los estudiantes.

Acerca de la actividad

En primer lugar, para que los estudiantes conozcan sobre la poesía senryū, el profesor les mostró tres tipos de poesía tradicionales japonesa: 短歌 (tanka), 俳句 (haiku) y senryū, y les pidió que aclararan las características de cada poesía y las diferencias entre ellas. Las tres poesías que el profesor presentó a los estudiantes, aunque de estilos dispares, son muestras de corrientes y obras contemporáneas actuales. Después de que los estudiantes compartieran sus conocimientos previos entre sí, el profesor les dio una explicación complementaria sobre la poesía japonesa para comprobar o asegurar sus conocimientos. La forma en que el profesor les presentó estos tres poemas era presentando cada poema en japonés (con la lectura en hiragana de las partes en kanji) con una imagen asociada.

---

3. Al igual que la poesía haiku, la poesía *senryū* es una poesía tradicional japonesa que consta de diecisiete sílabas (5 / 7 / 5). La diferencia entre ambas es que el haiku trata principalmente de la naturaleza, mientras que el *senryū* trata de los acontecimientos sociales y de las emociones y opiniones de la gente al respecto.

A continuación, el profesor presentó a los estudiantes dos ejemplos de poesía *senryū*, y se intercambiaron opiniones entre todos sobre el tipo de persona que escribió esta poesía, los sentimientos que la poesía intenta transmitir, los fenómenos y acontecimientos sociales que se tratan, etc. Todas las poesías elegidas y presentadas por el profesor fueron seleccionadas entre las mejores poesías de un concurso anual de la poesía *senryū* que se lleva celebrando durante más de treinta años en Japón[4]. En concreto, son las que 1) reflejaban el estado económico, las tendencias y las condiciones sociales de cada momento, 2) las que puedan ser de fácil entendimiento, y 3) sobre las que existan artículos periodísticos escritos en español (accidentes, condiciones sociales, modas, y etc.) que les puedan aportar información sobre el tema o trasfondo de la obra.

Después, el profesor pidió a los estudiantes que realizaran las siguientes tareas:

- Es un trabajo por parejas. Los estudiantes deben elegir la poesía que más les interese de entre las veintitrés *senryū* presentadas por el profesor, analizarla y escribir un informe sobre el acontecimiento social y los sentimientos expresados en la poesía.

- El objetivo de esta tarea es ofrecer una oportunidad a los estudiantes para que compartan sus propias ideas y la imagen que tiene cada uno sobre la cultura y la sociedad japonesa. En la clase, comparten entre todos los informes de la "tarea 1", e intercambian percepciones y hallazgos obtenidos en procesos de investigación y reflexión.

- Es un trabajo que se realiza individualmente. Cada estudiante creará una propia poesía *senryū* en japonés sobre el tema "Mi imagen de Japón". A continuación, se celebra una exposición de ellas. Intercambiarán entre todos, las percepciones y las diferencias que hayan descubierto al comparar las imágenes de Japón de sus compañeros.

La actividad y los trabajos de los estudiantes

En primer lugar, para que los estudiantes se hicieran una idea de lo que es el *senryū*, el profesor les presentó los tres poemas contemporáneos: un *tanka*, un

---

4. The Dai–ichi Life Insurance Company. n.d. "Sarariiman senryū" サラリーマン川柳 [Poesía japonesa de empleados]. *Minna no saraiiman senryū purojekuto みんなのサラリーマン川柳プロジェクト* [El Proyecto de la nuestra poesía japonesa de empleados]. Último acceso el 11 de noviembre de 2021. https://event.dai–ichi–life.co.jp/company/senryu/index.html. Es un concurso anual de la poesía *senryū*, titulado como "Salaryman Senryū", organizado por la compañía de seguro Dai ichi life. Se presentaron 43.691 poesías para el XXXII concurso que se ha celebrado en 2019.

haiku y un *senryū*, y les pidió que hablaran de las características o diferencias que habían observado. Estos son los presentados a los estudiantes:

Tanka: 「この味がいいね」と君が言ったから七月六日はサラダ記念日 [5]

Haiku: 兄以上恋人未満掻氷 [6]

Senryū: うちの嫁後ろ姿はフナッシー[7]

En los últimos años, la poesía haiku se ha hecho cada vez más conocida en España, llegando incluso a existir asociaciones del haiku. Puede ser por eso que, cuando el profesor presentó a los estudiantes un *tanka*, un haiku y un *senryū* al principio de la clase, reconocieron inmediatamente que eran poemas japoneses y que tenían un ritmo limitado a 5 / 7 / 5. Algunos de ellos también sabían que en el haiku se debía utilizar una palabra que describa una estación de año y que comúnmente tienden a tratar sobre la naturaleza. También, algunos conocían el *tanka*, sobre el que compartieron su conocimiento acerca de su ritmo más largo que el haiku[8], y que el tema central de los *tanka* es el amor. Así, desde el principio de la actividad, esta se convirtió en un lugar de intercambio de conocimientos dirigido por los estudiantes.

Sin embargo, la diferencia entre el haiku y el *senryū*, no pudo ser advertida por los estudiantes solos, por lo que para que los estudiantes se dieran cuenta el profesor les dio la siguiente pista: la palabra clave de este haiku es "掻氷 (*kakigōri*, granizado japonés)" y la del *senryū* es "フナッシー (*funassyi*)[9]", pero ¿cuál es la palabra que demuestra una estación? Como el haiku tiene una palabra estacional, los estudiantes pudieron identificarlos. A partir del término "掻氷 (*kakigōri*, granizado japonés)", los estudiantes compartieron sus opiniones e intentaron comprender la escena y la situación que el haiku intentaba transmitir, por ejemplo, "la protagonista es una joven y se enamorará si va al festival de verano de un chico" o "ellos no pueden ser novios todavía, por falta de ir al

---

5. Tawara, Machi 俵万智. 1989. Sarada kinenbi サラダ記念日 [Aniversario de la ensalada]. Tokio: Kawade Shobō Shinsha.
6. Mayuzumi, Madoka 黛まどか. 1996. B–men no natsu B面の夏 [La cara B del verano]. Tokio: Kadokawa Shōten.
7. The Dai–ichi Life Insurance Company. n.d. "Rekidai 1 I sakuhin" 歴代 1 位作品 [Obras número 1 de la historia]. *Minna no saraiiman senryū purojekuto* みんなのサラリーマン川柳プロジェクト [El Proyecto de la nuestra poesía japonesa de empleados]. Último acceso el 11 de noviembre de 2021. https://event.dai–ichi–life.co.jp/company/senryu/archive/index.html.
8. La poesía *tanka* consta de treinta y una sílabas y es una poesía de cinco versos (5 / 7 / 5 / 7 / 7).
9. Es un personaje mascota de la ciudad Funabashi, Chiba, Japón. Es el hada de las peras que intenta animar y promover su ciudad. FUNASSYI. n.d. "Funassyi no ofisharu sait 246ch" ふなっしーのオフィシャルサイト 247ch [El sitio oficial de Funassyi 247ch]. *247ch*. Último acceso el 24 de noviembre de 2021. https://274ch.com/

espectáculo de fuegos artificiales en una noche de verano", etc. Los estudiantes se mostraron muy activos a la hora de compartir sus opiniones. Para el *senryū*, al ver la imagen de "フナッシー (*funassyi*)", un estudiante adivinó que el poema se trataba de un hombre que está orgulloso de su encantadora mujer, mientras que el otro opinó que se trataba de un hombre que está triste porque su atractiva mujer había cambiado su aspecto", etc. Hubo mucho debate, lo que hizo que la actividad fuera aún más activa. En este momento, el profesor explicó a ellos que el *senryū* consta de tres versos, con diecisiete sílabas, al igual que el haiku, pero no hay ninguna regla que condicione a utilizar una palabra estacional, y que se caracteriza principalmente por la sátira social, la tristeza o las dificultades de la vida.

Lo que los estudiantes comprendieron sobre la cultura y el pueblo japonés a través del *senryū*

En la tarea 1 los estudiantes formaron grupos de dos personas (trabajo en pareja), e investigaron y redactaron un informe sobre el *senryū* seleccionado entre veintitrés poemas que el profesor les había presentado, y luego lo expusieron ante la clase. La presentación se explayaba sobre el fenómeno social, la situación actual y los sentimientos expresados en el poema, dando tiempo a sus otros compañeros a hacer preguntas o plantear dudas (tarea 2).

A continuación, se pueden observar algunos de los informes y debates surgidos durante la clase que han elaborado los estudiantes.

El *senryū* "インスタで妻のランチを二度見する"[10]

Un grupo de estudiantes hizo una presentación sobre este *senryū*. Ellos interpretaron el poema como "una fiambrera de amor hecha por una mujer para ella y su marido, cuando el marido ve la foto en Instagram, no puede evitar volver a mirarla por lo bonita que era", y explicaron que sintieron la sensación cálida y amorosa de la pareja. Mientras que algunos de sus compañeros de clase estuvieron de acuerdo con esta interpretación, otros afirmaban que el poema debía interpretarse como "un marido que está trabajando duro y no tiene tiempo para almorzar. Cuando mira el Instagram de su mujer se sorprende al ver la imagen de un almuerzo que consistía en un plato delicioso de un restaurante caro, ante esto no pudo evitar echar un segundo vistazo de incredibilidad". Según estos

---

10. Es el *senryū* que fue seleccionado como uno de los mejores cien poemas *senryū* del XXXII Concurso organizado por The Dai-ichi Life Insurance Company. The Dai-ichi Life Insurance Company. 2019. "Dai 32 kai 'daiichi seimei sarariiman senryū konkūru' besuto 10 happyō" 第 32 回『第一生命サラリーマン川柳コンクール』ベスト 10 発表！[Presentación de los 10 mejores del XXXII "concurso de senryū de The Dai-ichi Life Insurance Company"] *The Dai-ichi Life Insurance Company*, el 23 de mayo de 2019. https://www.dai-ichi-life.co.jp/company/news/pdf/2019_011.pdf.

estudiantes, el poema intenta expresar la "diferencia de la comida entre marido y mujer" y el "resentimiento del marido hacia su mujer".

El senryū "朝ラッシュ ランチ満席夜一人"[11]

El otro grupo retomó este *senryū* y lo interpretó como un reflejo de la "soledad de un individuo en la sociedad japonesa". Todos los compañeros estuvieron de acuerdo con la afirmación. Este grupo investigó también sobre varios servicios para personas que se sientan solas en Japón y compartieron con los demás todos sus hallazgos. Lo que más captó el interés de sus compañeros fue la existencia de los "Clubs de acogida (ホストクラブ, *hosuto kurabu*)" y de los "servicios para personas solas en restaurantes (compartir asientos con grandes animales de peluche para no sentirse solo)". Algunos de los estudiantes comentaron que veían la singularidad de Japón en estos servicios innovadores en los que nunca se habían parado a pensar.

El senryū "君の名はゆとり世代の名が読めず"[12]

De los veintitrés poemas *senryū* presentados por el profesor, el más elegido por los estudiantes fue este. Hubo un estudiante que demostró la diversidad de las posibles interpretaciones. Según él, la interpretación básica del poema era que se trataba de una sátira sobre la "forma en que se trata a los jóvenes adultos en el sistema educativo "ゆとり (*yutori*)". Entonces, el poema transmite el aspecto irónico de que la "generación "ゆとり (*yutori*)" no es capaz escribir sus propios nombres correctamente debido a su escasa educación (no son capaces de escribir las letras *kanji* correctamente)", y al mismo tiempo, expresa el aspecto crítico de la situación de que "muchos de los nombres de la generación "ゆとり (*yutori*)" son tan originales que ni siquiera los japoneses pueden leerlos (causan problemas a la gente que les rodea)". Los otros estudiantes comentaron sobre esta

---

11. Este *senryū* es uno de los seleccionados como los mejores cien poemas senryū del XXXII Concurso organizado por The Dai–ichi Life Insurance Company. The Dai–ichi Life Insurance Company. 2019. "Dai 32 kai 'daiichi seimei sarariiman senryū konkūru' besuto 10 happyō" 第 32 回 『第一生命サラリーマン川柳コンクール』ベスト 10 発表！ [Presentación de los 10 mejores del XXXII '"concurso de senryū de The Dai–ichi Life Insurance Company"] . *The Dai–ichi Life Insurance Company*, el 23 de mayo de 2019. https://www.dai–ichi–life.co.jp/company/news/pdf/2019_011.pdf.
12. El senryū que fue uno de los seleccionados como los mejores cien poemas senryū del XXX Concurso celebrado por The Dai–ichi Life Insurance Company. The Dai–ichi Life Insurance Company. 2017. "Dai 30 kai 'daiichi seimei sarariiman senryū konkūru' zenkoku nyūsen sakuhin 100 ku kettei" 第 30 回 『第一生命サラリーマン川柳コンクール』 全国入選作品 100 句決定 besuto 10 happyō" [Seleccionado las 100 obras seleccionadas a nivel nacional del "XXX concurso de senryū de The Dai–ichi Life Insurance Company"]. *The Dai–ichi Life Insurance Company*, el 13 de febrero de 2017. https://www.dai–ichi–life.co.jp/company/news/pdf/2016_080.pdf.

presentación que les hizo darse cuenta de que, si miras las cosas de forma diferente, la interpretación puede dar lugar a conclusiones muy dispares.

La imagen de la cultura japonesa de cada estudiante: elaborar un propio *senryū*

A continuación, para la tercera tarea, pedimos a los estudiantes del nivel A2 del MCER que hicieran un *senryū* en japonés sobre el tema "Mi imagen de Japón". Después de la elaboración, ellos debían realizar una exposición de sus obras ante la clase para intercambiar opiniones y descubrir las diferencias entre las creencias populares acerca de la cultura japonesa y la verdadera situación de la sociedad moderna. En cuanto a las razones para elegir un acontecimiento cultural o social concreto como trasfondo del mensaje que querían transmitir en su poema, la mayoría de los estudiantes comentaron que era "lo que más les interesaba cuando investigaban sobre Japón" o "lo que les parecía extraño o peculiar en comparación con su propio país".

Abajo, se presenta una selección de poemas *senryū* elaborados por los estudiantes en japonés, que fueron especialmente populares en la clase.

1) El *senryū* "ポケモン Go　かのじょがいない　オタクです"

Él comentaba lo siguiente sobre el mismo: "este poema trata de los otaku solitarios que se centran en conseguir Pokémon en lugar de buscar una novia. En Japón hay muchos otaku que consideran como su pareja a chicas de videojuegos y anime en lugar de las del mundo real. De hecho, quería elaborar un poema sobre la naturaleza de los otaku que compran almohadas con el dibujo de los personajes femeninos y figuras de chicas de anime que aman, llegando a referirse a ellas como "mi novia / mi esposa (俺の嫁, Ore no yome)".

2) El *senryū* "おじいさん　あくじしました　けいむしょに"

El comentario del estudiante que produjo este poema era el siguiente: "algunos ancianos solitarios que luchan por llegar a fin de mes y no tienen casa en la que vivir ni nada que comer, cometen deliberadamente pequeños delitos y desean vivir en una cárcel o prisión. La razón es que en la cárcel se les garantiza un lugar para vivir, comida y alguien que los cuide, como el personal de la prisión. Japón es extraño. En España, estos ancianos duermen en la calle, pero ¿en Japón no pueden hacer lo mismo?"

En la clase hubo una serie de intercambios de opiniones sobre temas relacionados con el poema, como el creciente número de muertes en soledad y la caza de los *sintechos* por los jóvenes violentos.

3) El *senryū* "アラサーだ 結婚したい 婚活よ！"

Este poema senryū lo hizo una estudiante de treinta y un años. Viendo una serie japonesas conoció la palabra "アラサー *arasā*"[13]. Así que, ella empezó a investigar sobre este término despertando su interés por la forma de pensar de las mujeres japonesas sobre el casamiento y las actitudes relacionadas para encontrar a un hombre para casarse. Los comentarios de esta estudiante son los siguientes:

1. A la mujer japonesa le resulta cada año más difícil casarse, si no es joven.

2. Para encontrar a alguien con quien casarse, debe participar en eventos de emparejamiento como お見合い (*omiai*), 合コン (*gōkon*) y 婚活パーティー (*konkatsu Pāthii*). Ahora en Japón estas actitudes o actividades para casarse se denominan "婚活 *konkatsu.*"

3. Es terrible en Japón que una mujer de unos treinta años sea tratada ya como una persona mayor.

4. El *senryū* "ころぶ僕 歯がこわれて 今、やえ歯"

5. Este comentario realizado por el estudiante resultó ser un tanto original, llegando incluso a provocar las risas de sus compañeros: "en Japón los dientes やえ歯 (*yaeba*, dientes torcidos en la dentadura, principalmente los caninos superiores) son un símbolo de "可愛い (*kawaii*, monada, linda)". Por ello, los japoneses, aunque no tengan los dientes perfectos o si quiera en un estado saludable, prefieren no operárselos y dejar que se deformen". Según su comentario, este *senryū* nació de su propia experiencia: "accidentalmente se me rompió un diente al caerme y me quedé con un diente torcido, gracias a este accidente, pude ser más guapo".

Impresiones de los estudiantes

Al final de la actividad, el profesor preguntó a los estudiantes cuáles eran sus impresiones o las conclusiones que habían sacado de la actividad. Lo primero que mencionaron fue que la "actividad fue muy interesante". Las principales razones eran: "puede aprender sobre Japón que no conocía" y "fue interesante ver los diferentes puntos de vista e ideas de todos". Las otras razones eran: "me pareció

---

13. El término アラサー (*arasā*) es una nueva palabra japonesa nacida por un fenómeno social. Es una abreviatura del término inglés–japonés "around thirty."

más fácil elaborar el poema *senryū* que redactar un texto en japonés" y "¡me pareció genial porque podía expresar pensamientos en japonés!" Aunque este no era el objetivo de la actividad, algunos estudiantes comentaron que esta experiencia de hacer un *senryū* les dio una mayor confianza en sus propios conocimientos de japonés.

Conclusión

Tal y como defienden Hosokawa (2004) y Miyo (2003), la idea de que los profesores que enseñan la "cultura japonesa" y la "sociedad japonesa" a personas de diferentes culturas conduce a la formación de ideas e impresiones estereotipadas, y dificulta el verdadero entendimiento intercultural. Para evitarlo, necesitamos una educación cultural centrada en el estudiante, en la que este descubra y aprenda por sí mismo, en lugar de la propia interpretación de la "cultura" por parte del profesor. Así que esta actividad se centró en el proceso de aprendizaje de la búsqueda y resolución de problemas por parte de los estudiantes, en consonancia con la teoría "centrada en el alumno" de Hosokawa (1995b, 2002). Se hizo hincapié en el descubrimiento de la cultura por parte de los estudiantes en sus propias experiencias, en vez de centrarse en la "cultura japonesa" que uno puede imaginar a raíz de libros de texto convencionales. De esta forma los estudiantes han podido identificar y resolver sus propios problemas desde un punto de vista más íntimo y personal, han comprendido la naturaleza multifacética y de alta complejidad de una cultura totalmente ajena a la propia. Además, han podido superar el enorme desafío que supone ver más allá de los estereotipos que comúnmente rodean a Japón.

En esta actividad, los estudiantes buscaron sus propias soluciones a sus cuestiones, reconocieron y apreciaron los elementos culturales y aprendieron a través de sus propias experiencias. El intercambio de ideas y opiniones entre los compañeros de clase puede no ser suficiente para hacer un replanteamiento diverso de la cuestión. Sin embargo, ellos pudieron ver que existen diferencias en la forma en que la gente percibe la cultura y la sociedad japonesa, y que sus percepciones de las diferentes culturas y valores cambian cuando conocen otras perspectivas diferentes a las suyas. Por lo tanto, se puede pensar que la actividad fue una experiencia valiosa para los estudiantes.

Los estudiantes tienen diferentes grados de conocimiento sobre Japón, y también hay una diferencia de experiencia entre aquellos que ya habían estado en Japón y los que nunca lo han hecho. Esta actividad fue una oportunidad para que ellos entraran mediante su propia investigación en contacto con los acontecimientos sociales, la cultura y los sentimientos japoneses, además de los relacionados con su aficiones y gustos, como los videojuegos, animes, series, películas, comida japonesa en España, etc. Además, al intercambiar conocimientos y opiniones con sus compañeros, pudieron llegar a un punto en el que pueden ver Japón y la cultura desde múltiples perspectivas, en lugar de hacerlo desde una sola. Al final de la actividad, cada uno podía expresar en japonés lo que le parecía interesante del país a partir de la nueva imagen que había creado por sí mismo. Los trabajos realizados por los estudiantes y las opiniones de ellos sugieren que esta actividad ha sido eficaz para desarrollar o profundizar su percepción de la cultura, a la que Hosokawa (2002b) se refiere como la *ko no bunka*, que no es un concepto fijo de los fenómenos sociales, sino una percepción adquirida a través de las propias acciones y observaciones de los estudiantes. Se podría decir que esto es una expresión de la *ko no bunka*, que se aleja del esencialismo cultural que atribuye el conocimiento a la mera recepción de información estereotipada.

Algunos de los comentarios de los estudiantes indicaron que no habían pensado conscientemente en la cultura y la sociedad japonesa por lo que puede decirse que esta actividad ha cambiado la forma en que los estudiantes tratan las diferentes culturas. A partir de sus impresiones y opiniones, podemos ver que han cambiado su actitud en este sentido, pasando de aceptar pasivamente "así es Japón" a cuestionarse activamente "¿cómo es Japón?" e intentar hacer sus propias interpretaciones. Esto demuestra que, según las opiniones y reacciones, la realización de esta actividad nos ha permitido observar a simple vista que han alcanzado el cuarto grado "aceptación" del modelo de sensibilidad intercultural de Bennet (2004), y que habían desarrollado su propia imagen de la cultura japonesa, previamente ajena.

Es un buen primer paso hacia la comprensión intercultural estar expuesto a la cultura japonesa a través de una variedad de medios y aplicaciones, y aprender sobre partes de Japón mediante conversaciones e imágenes culturalmente relevantes en los libros de texto. Sin embargo, hay que concienciar a los estudiantes de su actitud pasiva de limitarse a recibir lo que les dan los medios de comunicación o los libros de texto, sobre todo si la información que reciben tiene un sesgo estereotipado. Podemos pensar que una actividad que muestra el camino hacia la comprensión intercultural y valora la *ko no bunka,* es aquella que:

Alimenta la curiosidad de los estudiantes por las diferentes culturas.

Les permite conocer las diferencias y la diversidad de ideas mediante el intercambio de opiniones con los demás.

Proporciona un lugar en el que pueden aumentar aún más su interés por las mismas mediante la empatía y el aprendizaje de diferentes perspectivas.

En otras palabras, el papel del profesor es:

Crear una actividad o una oportunidad para que el alumno revise sus conocimientos sobre Japón.

Fomentar la curiosidad y profundizar en la conciencia para que la comprensión de otras culturas por parte del estudiante no sea superficial.

Ayudar al estudiante a ver el contacto con otras culturas no como un conflicto, sino como un encuentro positivo que proporciona un nuevo alimento para sí mismo.

Perspectivas para futuro

Esta actividad ha contribuido a aclarar el papel del profesor en una actividad que hace hincapié en la *ko no bunka*. Algunos de estos estudiantes que hicieron los poemas *senryū* irán a Japón, ¿cómo influirá y cambiará su percepción actual de la sociedad y la cultura japonesa el hecho de vivir en Japón? En la siguiente ocasión, como continuación de esta investigación, se intentará contrastar los cambios en las percepciones e imágenes culturales de los estudiantes antes y después de su estancia en Japón. Esto ayudará a aclarar la forma en que las experiencias culturales y sociales influyen en la cultura del individuo.

REFERENCIAS

Bennett, Milton J. 2010. "Creating an Interculturally Competent Campus to Educate Global Citizens." En *Proceedings of the Universidad 2010 7th International Congress on Higher Education, The University for a Better World, Havana, el 2 de febrero de 2010*. The University for a Better World.

Bennett, Milton J. 2004. "Becoming interculturally competent", En *Toward Multiculturalism: A Reader in Multicultural Education*, editado por Jaime S. Wurzel, 62–77. Newton, MA: Intercultural Resource Corporation.

Hosokawa, Hideo 細川英雄. 1995. "Kyōiku hōhōron to shiteno 'nihon jijō': sono ichiduke to kanōsei" 教育方法論としての「日本事情」－その位置づけと可能性" ["La situación japonesa" como la metodología de educación: su ubicación y la posibilidad]. *Journal of Japanese Language* Teaching 87: 103–113.

―――. 2002a. *Kotoba to bunka wo musubu nihongo kyōiku* ことばと文化を結ぶ日本語教育 [La educación del japonés que conecta la lengua y la cultura]. Tokio: Bonjinsha.

―――. 2002b. "Nihongo kyōiku ni okeru sutereo taipu to shūdan ruikē ninshiki" 日本語教育における ステレオタイプと集団類型認識 [El estereotipo y el reconocimiento de tipo de grupo en la educación del japonés]. *Waseda Journal of Japanese Applied Linguistics* 1: 63–70.

―――. 2004. "'Ko no bunka' sairon: Nihongo kyōiku ni okeru gengo bunka kyōiku no imi to kadai" 「個の文化」再論-日本語教育における言語文化教育の意味と課題 [Reconsiderar "la culutra del individuo": el significado y el reto de la educación lingüística cultural en la educación del japonés]. *21 sēki no nihon jijō* 21 世紀の日本事情 5: 36–51.

Kubota, Tatsuko 久保田竜子. 2014. "Nihongo kyōiku ni okeru bunka" 日本語教育における文化 [Cultura en la educación de japonés]. En *Amerika ni okeru nihongo kyōiku no kako, genzai, mirai* アメリカにおける日本語教育の過去・現在・未来 [Japanese Language Education in the U.S.: Past, Present and Future], ediatdo por American Association of Teachers of Japanese, 1–27. https://www.aatj.org/resources/publications/book/Culture_Kubota.pdf

Mayuzumi, Madoka 黛まどか. 1996. *B–men no natsu* B 面の夏 [La cara B del verano] Tokio: Kadokawa Shōten.

Miyo, Jumpei 三代純平. 2003. "'Nihon jijō' ni okeru 'ko no bunka' no igi to mondaiten: futatsu no jyugyō bunseki kara miete kuru mono" 「日本事情」における「個の文化」の意義と問題点—二つの授業分析から見えてくるもの— [El significado y el problema de la "cultura del individuo" en "la situación japonesa": las cosas que se observan a través del análisis de dos clases]. *Waseda Journal of Japanese Applied Linguistics* 2: 211–225.

Nakamura, Koji 中村耕二. 2001. "Tabunka kyōsei no tame no gurōbaru kyōiku: 21 seiki no chikyū shimin kyōiku" 多文化共生のためのグローバル教育：21 世紀の地球市民教育 [Global Education for Multi–cultural Symbiosis: Global Citizen Education for the 21st Century]. *Language and culture: the journal of the Institute for Language and Culture* 5: 1–23.

Organización de las Nacionales Unidas para la Educación, la Ciencia y la Cultura. 2001. "Declaración Universal de La UNESCO Sobre La Diversidad Cultural." *UNESCO*, el 2 de noviembre de 2001. http://portal.unesco.org/es/ev.php–URL_ID=13179&URL_DO=DO_TOPIC&URL_SECTION=201.html

Tawara, Machi 俵万智. 1989. Sarada kinenbi サラダ記念日 [Aniversario de la ensalada]. Tokio: Kawade Shobō Shinsha.

The Dai–ichi Life Insurance Company. n.d. "Minna no sarariiman senryū purojekuto" みんなのサラリーマン川柳プロジェクト [El proyecto de nuestras poesías japonesas de empleados]. Último acceso el 26 de noviembre de 2021. https://event.dai–ichi–life.co.jp/company/senryu/index.html.

Zafar, Shahila, Shabistan Z. Sandhu, y Zavad Ahmed Khan. 2013. "A Critical Analysis of 'Developing Intercultural Competence in the Language Classroom' by Bennett, Bennett and Allen." *World Applied Science Journal* 21(4): 565–571. https://doi.org/10.5829/idosi.wasj.2013.21.4.131

PARTE II

Enseñanza de japonés como lengua de herencia

Capítulo 6

Notas prácticas sobre la enseñanza del japonés como lengua de herencia para preparar estancias en un colegio japonés

Hiromi Nakanishi, Universidad de Salamanca

Resumen

En el presente trabajo, después de contemplar brevemente el estado actual de la enseñanza del japonés como lengua de herencia, se expondrán las iniciativas de esta enseñanza realizadas en el hogar, sin recurrir a *hoshūkō* (escuela complementaria de la lengua japonesa). Estas iniciativas fueron llevadas a cabo con el fin de preparar las estancias temporales *taiken nyūgaku* en un colegio japonés durante 8 años, de un niño hispano–japonés residente en España. El objetivo de las iniciativas era que esas experiencias en el colegio japonés fueran más significativas y efectivas, y se llevaron a la práctica durante el resto del año en España. Se presentan divididas en dos bloques: 1) Las iniciativas para conducir las estancias temporales a experiencias positivas y 2) Las iniciativas para adquirir y mejorar las habilidades de lengua japonesa. Finalmente se reflexionará sobre la utilidad de esas iniciativas y los factores que influyeron a esta enseñanza y aprendizaje del japonés como lengua de herencia, a base de una entrevista al propio niño de 14 años y de las notas registradas sobre su estado y sus comentarios por la madre.

Palabras clave: Enseñanza del japonés como lengua de herencia, Enseñanza en el hogar, Estancias temporales en un colegio japonés, Motivación

Introducción

En las últimas décadas, el mundo se está globalizando cada vez más y está aumentando el número de japoneses residentes en el extranjero. Según los datos del Ministerio de Exteriores de Japón, el número de los residentes japoneses en España también se ha incrementado desde 4195 personas en 1990, 4683 en 2000,

6903 en 2010, hasta llegar a 9170 en 2020[1]. Por residentes japoneses se refieren a los residentes de larga duración, de más de 3 meses, así como a los residentes permanentes. En estos colectivos están incluidos los hijos de los matrimonios japoneses y de los matrimonios internacionales de edad escolar. ¿Cómo aprenderán la lengua japonesa estos niños de origen japonés que viven en España?

Objetivo

En el presente trabajo se exponen las iniciativas de la enseñanza del japonés como lengua de herencia practicadas en el hogar en España, sin recurrir a las instituciones de enseñanza del japonés. La madre que llevó a cabo estas iniciativas no pretendía que su hijo hispano–japonés que vive en España consiguiera las mismas habilidades de lengua japonesa que los niños japoneses residentes en Japón. Sin embargo, debido a que decidió mandarlo a las estancias temporales en un colegio japonés, como uno de los medios de enseñanza de lengua japonesa y como medio de conocer la cultura y la sociedad japonesa, realizó preparativos en el hogar teniendo en cuenta el contenido de la enseñanza en los colegios japoneses. Se espera que estas notas prácticas sean de utilidad para las familias que se planteen las estancias temporales en un colegio japonés en el futuro. Al mismo tiempo, se desea que las iniciativas que están vinculadas con los intereses del niño o las que están ajustadas a la etapa de crecimiento o las que están ingeniadas para adecuarlo a las circunstancias, sirvan de referencia para las familias que no se plantean las estancias temporales en Japón pero sí abordan la enseñanza del japonés como lengua de herencia en el hogar fuera de Japón.

Metodología

El presente trabajo se basa en un estudio de caso, que es la experiencia propia durante 8 años de la autora y su hijo, en la que se recopilaron los datos mediante una observación participativa.

Asimismo, para la reflexión se realizó una entrevista semiestructurada al propio niño en su domicilio en mayo de 2021, 2 años después del periodo del caso en el que se llevaron a cabo las iniciativas. En la entrevista, se plantearon unas preguntas generales y se mantuvo la conversación recordando el periodo del caso y comentando el contenido de las notas apuntadas por la autora sobre el estado del niño o sus palabras. De esta forma se intentó refrescar la memoria del niño con el fin de recoger sus impresiones y opiniones sobre las iniciativas que se exponen en este trabajo. La duración de la entrevista fue de unos 70 minutos. El idioma

---

1. Fuente: Ministerio de Asuntos Exteriores de Japón.
https://www.mofa.go.jp/mofaj/toko/tokei/hojin/index.html

utilizado fue solamente el japonés y las narraciones descritas en español en este trabajo están traducidas por la autora.

Estado de la cuestión

En este trabajo se contempla el panorama actual de la enseñanza del japonés como lengua de herencia, principalmente en España.

"Lengua de herencia, *keishōgo* 継承語"

En primer lugar, el término que aparece en el título del presente trabajo, "継承語 *keishōgo* (lengua de herencia)" es una palabra que empezó a utilizar Nakajima como traducción de la palabra en inglés, *Heritage Language* en los años 80 (Nakajima 1997, 3), y fue utilizada en 1997 por primera vez en el título de una fuente académica japonesa (Nakajima 2017, 19). En el primer capítulo de esta fuente "Una introducción de la enseñanza del japonés como lengua de herencia" (Nakajima 1997, 4), la autora define que la lengua que se utiliza en el colegio o en la sociedad en general es 現地語 *genchigo* (lengua local), en cambio, la lengua que se hereda de sus padres es la lengua de herencia, y hasta el día de hoy se utilizan con estos significados.

Instituciones de enseñanza del japonés reconocidas por el gobierno japonés

Según el Ministerio de Educación, Cultura, Deportes, Ciencia y Tecnología de Japón (*Monkashō* 2015), hay tres tipos de instituciones educativas instaladas en el extranjero y reconocidas por el *Monkashō*: 95 colegios japoneses (日本人学校 *nihonjin gakkō*), 7 centros educativos privados y 229 escuelas complementarias de la lengua japonesa (補習授業校 *hoshū jugyōkō*/ 補習校 *hoshūkō*). Los dos primeros tienen el objetivo de ofrecer la misma educación que se ofrece en Japón y son de jornada completa. La mayoría de sus alumnos suelen ser hijos de los empleados desplazados de las empresas japonesas que prevén regresar a Japón al cabo de unos años. En cambio, las *hoshūkō* ofrecen las clases principalmente los sábados para los niños de origen japonés que van a los colegios locales o a las escuelas internacionales. Se imparte principalmente la asignatura de lengua japonesa utilizando el mismo libro de texto que los colegios en Japón.

En España se encuentran un colegio japonés y una *hoshūkō* en Madrid y también en Barcelona[2]. Según las páginas web de cada institución, hay 35 alumnos en el Colegio japonés de Madrid en 2021[3], unos 50 en el Colegio japonés de Barcelona en 2015 (Kiyotake 2015, 178), 151 en la *hoshūkō* de Madrid en 2019[4] y 135 en la *hoshūkō* de Barcelona en 2021[5]. Además, dado que en el caso de Barcelona solamente un 10% de los escolares de origen japonés van al colegio japonés (Kiyotake 2015, 179), se puede deducir que la totalidad de este colectivo es alrededor de 500 niños. Por lo tanto, restando el número de los alumnos del colegio japonés y de la *hoshūkō*, aunque varían las fechas de los datos recogidos, se podría suponer que más de 300 niños, es decir, más del 60% de los niños de origen japonés en Barcelona aprenden la lengua japonesa en el hogar o en grupos pequeños o en las escuelas/academias privadas del japonés como lengua de herencia (*keishōgo gakkō*). Y, por supuesto, los niños residentes en las provincias que no sean Madrid ni Barcelona, si no optan por asumir unos esfuerzos familiares extraordinarios de desplazarse cada sábado, aprenden el japonés sin recurrir a *hoshūkō*. Aunque cabe anotar que hay familias que no utilizan o no enseñan la lengua japonesa por distintos motivos. El uso o el aprendizaje de una lengua en el hogar se rige por la política lingüística familiar, tal y como enfatiza Fukushima (2014).

Situaciones de la enseñanza del japonés como lengua de herencia

En cuanto a la organización académica japonesa, la organización que lleva la palabra *keishōgo* en su nombre es *The Japanese Society for Mother Tongue, Heritage Language and Bilingual Education (MHB)*. Fue fundada en 2003 como una asociación, en 2017 el número de socios alcanzó los 800, y finalmente en 2018 se convirtió en una sociedad[6]. Desde su fundación, esta organización lidera el camino del estudio de la enseñanza del japonés como lengua de herencia en el mundo, realizando activamente congresos, publicación de revistas y otras actividades. Por otro lado, en 2016 fue creado *Bilingual/Multilingual Child Network (BMCN)*, cuya presidenta es Nakajima, a la que se ha mencionado anteriormente. Esta iniciativa tiene como objetivos, además de revitalizar la investigación, 1) mejorar la calidad de las actividades prácticas de los progenitores,

---

2. Fuente: *Monkashō*.
https://www.mext.go.jp/a_menu/shotou/clarinet/002/20210616–mxt_kouhou02–2.pdf
3. Fuente: Colegio japonés de Madrid. http://www.cjmspain.com/aisatsu.html
4. Fuente: Escuela complementaria japonesa de Madrid. https://www.ecjmadrid.com/index.php/annai
5. Fuente: *Hoshuko* Barcelona Educación Japonesa. http://www.bcn–hoshuko.com/?file=top
6. Fuente: 母語・継承語・バイリンガル教育（MHB）学会. https://mhb.jp/archives/986

cuidadores, educadores y colaboradores de la comunidad entre otros, y 2) promover la interrelación de estos colectivos[7].

En Europa, en 2010 se empezó la creación de las redes de las escuelas/clubs/grupos de japonés como lengua de herencia en países como Suiza o Alemania. Tras uno de los proyectos del *Global Network Project for Japanese Language Education,* "Apoyo de aprendizaje de japonés para los niños plurilingües y pluriculturales" (2017–2019), a partir de 2020 en *The Association of Japanese Language Teachers in Europe* (AJE) se inició la actividad del *SIG (Special Interest Group) "The Network of Japanese as a heritage language in Europe"* [8] (Fuchs–Shimizu, Nemoto y Miwa 2020). Actualmente este *SIG* está recogiendo los datos de las instituciones y los grupos de la enseñanza de japonés como lengua de herencia en Europa, con la intención de construir un sistema de búsqueda de información por los usuarios (AJE 2021).

En España, a fecha de hoy, la Asociación de los Profesores de Japonés en España (APJE), en cuyo comité participa la autora, no tiene datos de las escuelas privadas del japonés como lengua de herencia, ni tiene el conocimiento de que se haya formado alguna red, aunque se espera el inicio de los primeros proyectos de recogida de datos en España sobre las escuelas o los grupos pequeños de las familias de origen japonés que están desarrollando las actividades de enseñanza del japonés como lengua de herencia.

Asimismo, la Fundación Japón realiza la encuesta trienal sobre las instituciones de lengua japonesa en el extranjero[9] en la que se incluyen las instituciones que se dedican a la enseñanza de la lengua de herencia como objetivos de la encuesta. Aquí aparece "lengua de herencia" como una opción de los objetivos del aprendizaje del japonés, pero en el informe publicado no están especificados los datos respecto a este tipo de enseñanza en España, ni aparece la mención en la descripción de la situación en España. Sin embargo, en esta encuesta trienal que se llevó a cabo recientemente, en 2021, se añadieron unas preguntas sobre la enseñanza de lengua de herencia, por lo que se esperan algunos datos más que en la edición anterior.

Además, respecto a las fuentes académicas en español de este tema, se puede decir que casi no existen, aunque hay unos trabajos en catalán de Fukuda (2005, 2009, 2016) relacionados con la sociolingüística acerca del Colegio japonés o de los alumnos de *hoshūkō* en Cataluña, entre otros.

---

7. Fuente: バイリンガル・マルチリンガル（BM）子どもネット. https://www.bmcn–net.com/bmcn%E3%81%AE
8. Fuente: 欧州継承日本語ネットワーク. https://www.eaje.eu/ja/project–sig
9. Fuente: 海外日本語教育機関調査.
https://www.jpf.go.jp/j/project/japanese/survey/result/2021/2021.html
En el siguiente enlace se puede descargar el informe de la encuesta anterior (2018) en japonés y en inglés. https://www.jpf.go.jp/j/project/japanese/survey/result/survey18.html

En resumen, el tema de la enseñanza del japonés como lengua de herencia en España está por descubrir. Cabe agregar que si se mira el mundo, como es sabido hay grandes comunidades *nikkei* en los países sudamericanos y en Estados Unidos incluido Hawái, etc. En estos lugares se desarrolla la enseñanza del japonés como lengua de herencia con un trasfondo diferente al de Europa. Además, no solamente de la lengua japonesa, sino la enseñanza de lengua de herencia de otras lenguas, como el español en Estados Unidos o el francés en Canadá, tienen largas historias. Las investigaciones sobre la enseñanza de lengua de herencia de otros lugares aportarían conocimientos valiosos para el desarrollo de la enseñanza del japonés como lengua de herencia en España.

Contexto y los objetivos de las iniciativas

En este apartado se esclarecen el contexto en el que se desarrollaron las iniciativas de la enseñanza del japonés como lengua de herencia en el hogar y sus objetivos.

Destinatario de las iniciativas

El destinatario de las iniciativas fue un niño hispano–japonés nacido en 2007 en España, residente de una ciudad regional y alumno de un colegio público local. Su familia está compuesta por la madre japonesa (la autora), el padre español y la hermana nacida en 2014. En cuanto a los usos lingüísticos de la familia, el niño se comunica con su madre en japonés y con su padre en español, entre los padres hablan en español y el niño con su hermana prácticamente en japonés (durante el periodo de las iniciativas). Debido a que no se encontraban *hoshūkō* ni escuela/academia privada del japonés como lengua de herencia alrededor de su localidad, el niño aprendía japonés solamente en el hogar. En este trabajo se centra en el aprendizaje de la etapa escolar, pero cabe apuntar que su ingreso al colegio local fue tarde, a los 3 años y medio por el mes que nació, por lo que se podría decir que tuvo tiempo de establecer la base del lenguaje oral en japonés y empezar con los silabarios japoneses antes de recibir la enseñanza en español.

体験入学 *taiken nyūgaku* (estancias temporales) en un colegio japonés y sus objetivos

Las estancias duraban unas 3 semanas en julio, que son las últimas semanas del 1° trimestre en colegio japonés, y tuvieron lugar durante 8 años, desde los 4 años hasta los 11 años de edad. Los primeros dos años se realizó en un 幼稚園 *yōchien* (centro público de educación infantil), y los siguientes seis años en un colegio público de primaria. Uno de los objetivos de estas estancias era sumergir al niño en un lugar en el que estuviera rodeado de hablantes de japonés, puesto que en

España a su alrededor el hablante de japonés era prácticamente solo su madre. Otro objetivo importante era hacerle experimentar en carne y hueso el colegio japonés, que es la sociedad japonesa para su edad, para que no solamente la lengua sino también la cultura japonesa forme parte de él.

Objetivos de las iniciativas

Se llevó a cabo una serie de iniciativas que se van a presentar en el siguiente apartado, considerando la importancia de los preparativos previos para que estas estancias temporales tan cortas de 3 semanas al año fueran más significativas. Al mismo tiempo, se preparó para que el propio niño deseara la estancia del próximo año, puesto que la madre no quería obligar al niño a participar en esas estancias.

Las iniciativas

Las iniciativas se van a presentar divididas en dos bloques por sus funciones: 4.1 Las iniciativas para conducir las estancias temporales a unas experiencias positivas y 4.2 Las iniciativas para adquirir y mejorar las habilidades de lengua japonesa. En realidad, estas iniciativas de dos bloques se estimulan y se accionan mutuamente. Sin embargo, todas las consideraciones sobre la preparación ante las estancias temporales en los aspectos que no sean meramente de habilidad lingüística, así como la importancia de esta primera función, se tratarán en el primer bloque.

Las iniciativas para conducir las estancias temporales a unas experiencias positivas

Las iniciativas que se presentan en este bloque se enumeran clasificadas en tres aspectos.

Creación de una base para compartir el contexto de la vida con los niños japoneses y facilitar la comunicación con ellos

Se familiarizó al niño con la cultura japonesa en general y con la cultura escolar de Japón, partiendo de la suposición de que, si tenía los conocimientos previos de cómo llevan la vida diaria los niños japoneses y de cómo son los eventos anuales a lo largo del año, la comunicación con ellos sería fluida y agradable.

Los ejemplos concretos de las iniciativas llevadas a cabo son los siguientes:

- Realizar los eventos anuales japoneses (年中行事 *nenchū gyōji*) dentro de lo posible estando en España.

- Conversar acerca de las estaciones de Japón y sus características naturales, diaria y conscientemente.

- Suscribirse a la revista educativa mensual de Japón correspondiente al curso escolar.

- Visitar el blog del colegio destino en Japón.

- Ver los dibujos animados japoneses que tienen popularidad entre los niños japoneses de su edad.

- Adquirir objetos de papelería o complementos de personajes de esos dibujos animados.

Concienciación de las diferencias entre la sociedad japonesa y la española

Se realizó la concienciación sobre las diferencias entre Japón y España que encontraría en las estancias temporales, especialmente justo antes del verano que iba por primera vez a la educación infantil y antes del verano que iba a 1º de primaria, con el fin de disminuir los choques culturales en la vida escolar o en la vida cotidiana en Japón que podrían dejar impresiones negativas en el niño.

Los ejemplos concretos de las iniciativas practicadas son los siguientes:

- Hacer familiarizarse con las reverencias y el lenguaje honorífico a través de juegos de rol, como por ejemplo en las tiendas o en el médico.

- Enseñar las fotos del uniforme o las zapatillas de interior de colegio [10], o explicar otros aspectos de la vida escolar diferentes a España como ir al colegio en grupo (集団登校 *shūdan tōkō*), la comida en el aula o la limpieza de aula.

- Explicar las diferencias con España con respecto a la forma de los números arábicos: 1, 4 y 7, o del cuaderno de la casilla de lengua japonesa, que se escribe en vertical.

---

10. En la gran mayoría de los colegios japoneses, se calzan las zapatillas de interior al entrar al edificio.

Creación de un entorno positivo respecto a la vida plurilingüe y pluricultural

Team Motto Tsunagu (2021, 55) en su capítulo "Las claves del desarrollo del lenguaje" recomienda unas prácticas para crear un entorno en el que el niño recibe los reconocimientos de terceras personas cercanas.

Por un lado, se establecieron los encuentros periódicos de una vez a la semana, con una familia de circunstancias similares, es decir una familia hispano–japonesa, desde los 4 años hasta los 10 años aproximadamente. Para el niño, estos encuentros consolidaron la conciencia de tener una amiga que posee las dos culturas igual que él, además de que fueron oportunidades de utilizar el japonés con personas que no fueran de la familia. Al mismo tiempo, eran oportunidades de poder recibir comentarios positivos sobre sus habilidades de lengua japonesa o su conocimiento de la cultura japonesa.

Por otro lado, se enseñaban los escritos del niño de las dos lenguas tanto a los familiares de parte de Japón como a los de parte de España, para que ellos vieran sus logros en la otra lengua también y le felicitaran. El niño tuvo un gran apoyo y el reconocimiento de las dos partes de su familia en este sentido.

En otro orden de ideas, el niño tuvo diversas ocasiones de mostrar su conocimiento de lengua y cultura japonesa a sus compañeros del colegio local, cada año en distintas asignaturas y por iniciativa de los profesores. Asimismo, la madre del niño tuvo varias ocasiones de charlas o talleres en las que presentaba exposiciones sobre Japón en las clases del propio niño, de sus primos y en algunas más. El hecho de que se difundieran el interés y el entendimiento hacia Japón en sus clases o en el colegio a través de estas ocasiones fue una de las causas por las que el niño se sentía orgulloso de saber la lengua japonesa. Si bien en caso de la autora las ocasiones mencionadas se realizaron por las peticiones del colegio, se considera una iniciativa idónea proponérselo desde la familia si no nos lo solicitan, dado que sería enriquecedor para la comunidad del colegio también, teniendo en cuenta la importancia de la diversidad cultural en la actualidad.

Las iniciativas para adquirir y mejorar las habilidades de lengua japonesa

En este subapartado se muestra la figura 1 en la que se representan las principales iniciativas realizadas para adquirir y mejorar las habilidades de lengua japonesa, clasificadas por las destrezas y por las asignaturas del colegio japonés. Los libros de texto correspondientes a la edad fueron solicitados a la Embajada de Japón y recibidos gratuitamente[11].

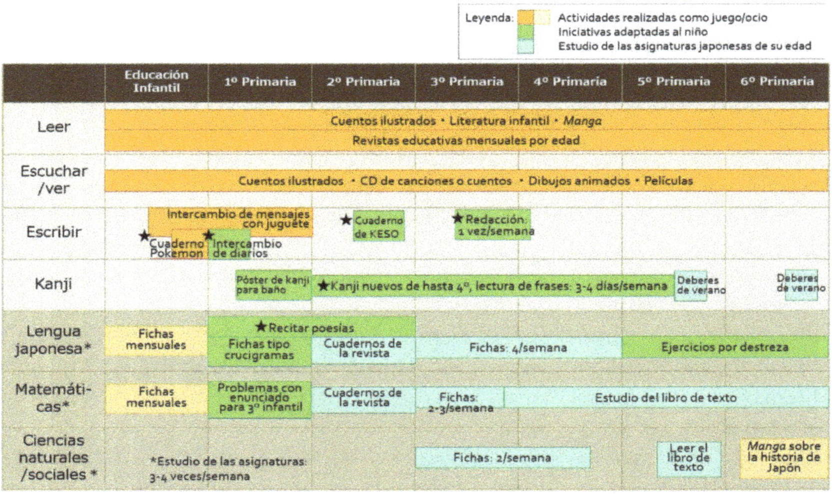

		Educación Infantil	1º Primaria	2º Primaria	3º Primaria	4º Primaria	5º Primaria	6º Primaria
Leer		Cuentos ilustrados · Literatura infantil · *Manga* Revistas educativas mensuales por edad						
Escuchar /ver		Cuentos ilustrados · CD de canciones o cuentos · Dibujos animados · Películas						
Escribir		★Cuaderno Pokemon	Intercambio de mensajes con juguete Intercambio de diarios	★Cuaderno de KESO	★Redacción: 1 vez/semana			
Kanji			Póster de kanji para baño	★Kanji nuevos hasta 4º, lectura de frases: 3-4 días/semana			Deberes de verano	Deberes de verano
Lengua japonesa*		Fichas mensuales	★Recitar poesías Fichas tipo crucigramas	Cuadernos de la revista	Fichas: 4/semana		Ejercicios por destreza	
Matemáti-cas*		Fichas mensuales	Problemas con enunciado para 3º infantil	Cuadernos de la revista	Fichas: 2-3/semana	Estudio del libro de texto		
Ciencias naturales /sociales *		*Estudio de las asignaturas: 3-4 veces/semana		Fichas: 2/semana			Leer el libro de texto	Manga sobre la historia de Japón

Leyenda: Actividades realizadas como juego/ocio · Iniciativas adaptadas al niño · Estudio de las asignaturas japonesas de su edad

Figura 1: Las principales iniciativas realizadas: clasificadas por destrezas y por asignaturas, desde la educación infantil hasta 6º de primaria. (Fuente: Elaboración propia)

En las actividades llevadas a cabo como juego u ocio (marcadas en color naranja y crema en la Figura 1), especialmente en las lecturas en japonés de *manga* o de literatura infantil/juvenil, se le proporcionaron las obras de sus series favoritas o de sus autores favoritos, para que se motivara a leer el siguiente.

En cuanto a las iniciativas relacionadas con escribir, se presentarán unas prácticas adaptadas al niño (marcadas en color verde en la Figura 1) en el párrafo *Aprendizaje de lengua japonesa vinculado con los intereses del niño*, aunque en 5º–6º de primaria el niño empezó a priorizar el deporte y el ocio con los amigos españoles y dejó de aprender nuevos *kanji* durante el periodo lectivo del colegio local.

En la parte inferior de la Figura 1 están reflejadas las iniciativas que corresponden a los estudios de las asignaturas del colegio japonés. En 1º de primaria, se realizaron las fichas similares a las fichas para la educación infantil, como crucigramas o comprensión lectora, recitación de poesías, que se mencionará en el párrafo *Ideas de lugar de aprendizaje en el hogar*, y con

---

11. *Monkashō* aplica el sistema de reparto gratuito de los libros de texto para los niños japoneses residentes en el extranjero desde el año 1967. Se abona solamente los gastos de envío. (*Monkashō* 2021).

matemáticas también se trabajaron problemas con enunciados (文章題 *bunshōdai*) de los que se solucionan dibujando el contenido del enunciado al escucharlo, por lo que fomentan la comprensión auditiva de la lengua. A partir de 2° de primaria, con el fin de que no tuviera problemas en el aula de la estancia temporal, se tomó en consideración familiarizarle con la lengua académica (Cummins 2006; Wakinaka 2013) y se inició el aprendizaje con los cuadernos mensuales o las fichas que corresponden a la edad escolar de Japón (marcadas en color celeste en la Figura 1). En estas iniciativas se omitieron los ejercicios repetitivos de escribir *kanji* o los problemas sencillos de cálculo. Respecto al método utilizado de aprendizaje de *kanji*, se explicará en el párrafo *Ideas de lugar de aprendizaje en el hogar*. Los estudios de ciencias naturales y sociales con fichas fueron útiles para que su vocabulario de japonés estuviera a la altura de sus conocimientos en español, que año tras año se expanden; no obstante, no pudo continuar los dos últimos años de primaria igual que el aprendizaje de nuevos *kanji*.

Postura de los padres y la motivación del niño

Para realizar las iniciativas mencionadas en el subapartado anterior, la madre dio importancia a que los dos padres consideraran que la motivación del propio niño era el punto fundamental y que evitaran forzarle a estudiar o agobiar al niño. Asimismo, se intentó mantener la postura de alabarle por sus capacidades en vez de reprocharle por sus errores. En los momentos en los que el niño estaba desmotivado se optó las siguientes estrategias:

- Hacer comentarios que estimularan el espíritu de desafío del niño como "esto puede que sea demasiado difícil para ti…", conociendo su carácter, que solía decir "No, no, yo podré" y se esforzaba por demostrarlo.

- Proponer otras actividades y dejar la actividad que no le interesara para otro momento (horas, días o semanas más tarde) para volver a proponérsela. Una misma actividad puede que no encaje bien en un niño en un momento por el ánimo, por el nivel de lengua, por el nivel de madurez u otros motivos, y en otro momento puede que sí.

- Desde 2° de primaria aproximadamente, momento en el que aparecieron dificultades para motivarle con las estrategias anteriores, incentivar con unos premios al cumplir el plan del mes.

- Desde 4° de primaria aproximadamente disminuyeron el efecto de los premios, y empezó a necesitar la insistencia repetida por la madre, por lo que algunas actividades se convirtieron en una carga tanto para el niño como para la madre. Entonces se empezó a hablar acerca de los motivos por los que aprendía la lengua japonesa e incluso que había opción de dejarlo si lo deseaba.

Los años en los que se llevaron a cabo estas iniciativas supusieron un tiempo de caminar con el niño teniendo muy en cuenta su carácter, y finalmente siempre se conseguía recuperar su motivación, gracias al plan de viaje a Japón o la estancia en el colegio japonés del próximo verano. "Sasaki (2003) considera que no tiene mucho efecto, aunque los profesores, la familia y/o los amigos intenten a convencer a los aprendices de corta edad de lengua de herencia diciéndoles que es beneficioso o importante, y antes recomienda motivarlos realizando las clases amenas, alabándoles o incentivándolos con premios" (citado en Shibuya 2010, 109).

Aprendizaje de lengua japonesa vinculado con los intereses del niño

En este párrafo, se presentan las actividades marcadas con ★ en la Figura 1, que son aprendizajes de lengua japonesa que se realizaron en relación con los intereses del niño con la intención de no forzarle.

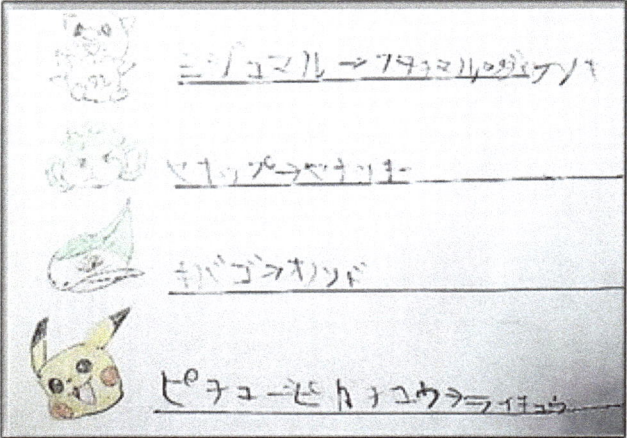

Figura 2: Cuaderno Pokemon

1) Fijación de *katakana* con Pokemon [6 años]: Una vez contemplado el silabario *katakana*, la lectura de enciclopedia de personajes Pokemon sirvió sumamente para su fijación. Al mismo tiempo en la pared de su habitación tenía colocado un póster de los personajes. Además, crear un cuaderno de los personajes favoritos fue un buen ejercicio de escribir *katakana* divirtiéndose.

2) Intercambio de diarios entre el hijo y la madre [justo antes del ingreso a la primaria]: Se realizó con el propósito de acostumbrarse al cuaderno que se emplea en los colegios japoneses, con la casilla en el que se escribe en vertical. Coincidió con la etapa en la que la madre ocupaba gran posición para el niño y al mismo

tiempo estaba encantado de poder utilizar las letras que acababa de aprender. Por tanto, fue un lugar de *escribir las palabras con sentido para él o de escribir los sentimientos que quiere transmitir con las palabras*, y se llevó a cabo de buena gana y divirtiéndose.

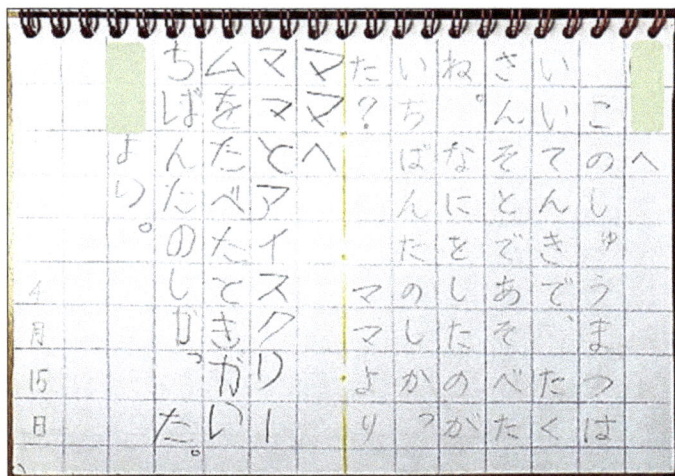

Figura 3: Intercambio de diarios

3) Cuaderno de KESO (cuaderno de tareas) [2° de primaria]: Es una actividad realizada conjuntamente con la madre y la niña de 2 años y medio mayor, con las que se reunían una vez a la semana desde los 4 años. El nombre del cuaderno lo decidieron los dos niños por los iniciales de sus nombres. Las actividades que se realizaban juntos antes de empezar este cuaderno son: los eventos anuales, la cocina de merienda japonesa, los juegos de roles, los juegos tradicionales japoneses, los juegos de mesa, entre otras. Al transcurrir unos 4 años desde el primer encuentro, los niños habían crecido y se percibía que necesitaba algún cambio en las actividades. Fue en esa época cuando se introdujo esta actividad aplicando *la práctica en la sección de educación infantil en la escuela complementaria de la lengua japonesa en Alemania* (Okumura 2010, 85–90). El formato es: a) Escribir la misma tarea en el cuaderno de cada uno. b) Realizar la tarea cada uno en casa junto con la familia. c) En la semana siguiente mostrarlo y comentar sobre ello juntos. El contenido estaba relacionado con la cultura, las matemáticas, las ciencias naturales, etc. Se pretendió vincular la experiencia con el aprendizaje y ampliar el vocabulario. Gracias a esta actividad, se consiguió crear ocasiones de utilizar el vocabulario que no se utilizaba en la vida cotidiana o en otros juegos y también, por realizarlo con una amiga, surgieron ocasiones de *escribir lo que quiere transmitir*.

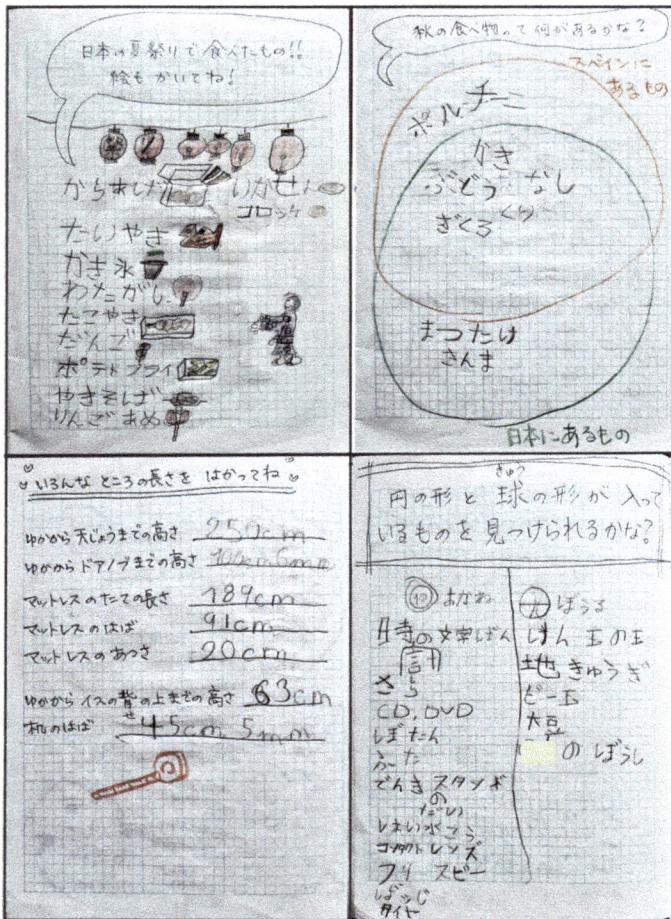

Figura 4: Ejemplos de tareas del cuaderno de KESO

4) Redacciones [3° de primaria]: Se practicó cada domingo la escritura de una redacción titulada "Noticia de la semana", sobre el acontecimiento más destacado de la semana para el niño. La pauta indicada fue escribir cuándo, dónde, con quién, qué hizo y qué pensó. Esta actividad también se inició para crear las ocasiones de escribir con palabras los sentimientos que quiere transmitir, ya que había suspendido el cuaderno de KESO. Después de continuar unos 6 meses, el niño mostraba aburrimiento y, tras buscar la solución hablando, se decidió por iniciativa del niño sustituirla por la creación de un relato. En consecuencia, aumentó significativamente el volumen de escritura.

Ideas de lugar de aprendizaje en el hogar

En este párrafo principalmente se presentan las prácticas realizadas aprovechando la cocina como lugar de aprendizaje, dado que a lo largo del día el niño y la madre pasaban un tiempo considerable en la cocina. Esto fue para aprovechar ese tiempo y al mismo tiempo era ideal para tratar el mismo contenido repetidas veces, de forma que fomentaba la retención en la memoria, además de disminuir la sensación de "estar estudiando".

1) Imanes de silabarios [a partir de la etapa infantil]: el niño aprendió los dos silabarios *hiragana* y *katakana* jugando con los imanes de forma de letras colocados en el frigorífico. Mientras esperaba a que se preparasen las comidas o la merienda, hacía juegos de formar palabras o frases, o palabras encadenadas *shiritori*.

2) Lectura y recitación de poesía [de 1º a 3º de primaria]: En la estancia estival en el colegio japonés, siempre había deberes de lectura en voz alta que al niño no le gustaban, y su madre le dejaba no hacerlos por no forzarle. Sin embargo, cuando su madre leía y recitaba las poesías[12] en la cocina, escritas a mano y puestas en la puerta del frigorífico o en la pared, el niño la imitaba espontáneamente. Se deduce que como la madre eligió las poesías favoritas para ella y disfrutaba recitando, contagió esa alegría al niño. Para provocar este efecto, es recomendable escoger primero poesía con sonidos curiosos y divertidos como onomatopeyas. Además, el hecho de ponerla en la pared facilita empezar la lectura o recitación sin necesidad de abrir el libro tomándose tiempo para ello, es decir, se permite practicar esperando a que se caliente la leche o mientras se cocina. Nakajima (2016) recomienda la lectura en voz alta como una de las seis estrategias en caso de cultivar la lengua japonesa en el hogar, siendo lengua minoritaria en la sociedad en la que vive.

3) Aprendizaje de *kanji* [de 2º a 5º de primaria (antes de la estancia estival)]: Puesto que aumentar el tiempo de aprendizaje en la mesa iba a ser demasiada carga para el niño, se llevó a cabo el aprendizaje de *kanji* a la hora de la merienda en la cocina, y de una forma muy simplificada. Se introducían 2 *kanji* al día, 3 o 4 días a la semana. Escribir el *kanji* en cuestión se limitaba a una sola vez, al contrario de la manera estándar de aprendizaje de *kanji* en Japón, que consiste en escribir repetidamente un *kanji*. Esto se debe a que la madre consideraba que para un niño que vive fuera de Japón lo importante en el aprendizaje de *kanji* era que fuera llevadero y se priorizaba *el significado y las lecturas de kanji, y los usos de las palabras* a poder escribirlos a mano. Hoy en día, la mayor parte de la acción de

---

12. Las poesías disfrutadas fueron de "*Kaze no Matasaburō* 風の又三郎" de *Kenji Miyazawa* 宮沢賢治, las poesías de *Misuzu Kaneko* 金子みすゞ, etc.

escribir se realiza con los dispositivos digitales, y para escribir en japonés con teclado, los tres aspectos indicados son suficientes. Después, leer unas 4 frases cortas que contenían el *kanji* en cuestión, también una vez. Estas frases cortas fueron creadas por la madre, para que el contenido estuviera relacionado con la vida del niño, que salieran los amigos o familia, que fueran frases que tendría ocasión de utilizarlas realmente, y que se incluyera algún *kanji* anteriormente estudiado. Este cuaderno de *kanji* (Figura 5), se lo colocaba en la mesa de la cocina abierto y apoyado en la pared para que el niño pudiera verlo varias veces al día. A la hora de la cena, leía las frases del día con el padre (cuyo nivel de japonés es A2) para fijar el conocimiento.

Asimismo, a fin de *crear un entorno visual de lengua japonesa en el hogar*, no solamente en la cocina, se recomendaría colocar en la pared el horario del colegio local escrito en japonés, además de las tablas de silabarios, de *kanji*, el mapa de Japón. Este horario sirve no solamente como para la preparación de la estancia temporal en colegio japonés, sino también para hablar los acontecimientos del día a día en el colegio local.

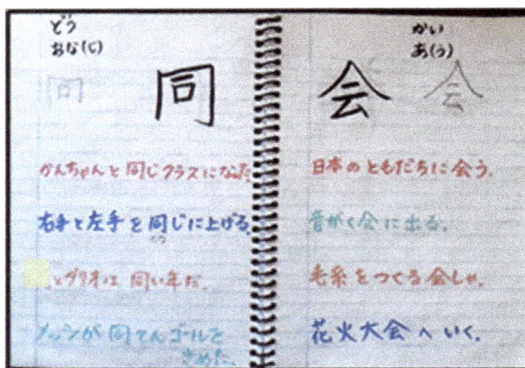

Figura 5: Cuaderno de *kanji*

Otras iniciativas destacadas son; añadir las palabras en japonés en la enciclopedia infantil ilustrada en español, colocar unas tarjetas de nombre de objeto o de lugar en *kanji* como "冷凍庫 (congelador)" "御手洗(servicio)", etc. Esto último se realizó después de renunciar al aprendizaje de *kanji* en el cuaderno, esperando que sea una manera alternativa. No obstante, no tuvo un resultado deseado, dado que no se fijó suficientemente en las tarjetas colocadas. De parte de los padres se necesitaría mencionar sobre estas tarjetas en repetidas ocasiones para llamar la atención y fijar en la memoria.

Reflexiones a partir de la entrevista al niño y de las notas registradas de su estado.

Se realizó una entrevista semiestructurada al propio niño que había cumplido 14 años, 2 años después de finalizar las estancias estivales en el colegio japonés, con el fin de recopilar tanto sus impresiones acerca de aquellas estancias como su opinión sobre la utilidad de las iniciativas presentadas en este trabajo. Durante la entrevista a base de las preguntas generales preparadas, se mantuvo la conversación recordando las estancias y comentando de vez en cuando el contenido de las notas que apuntaba la madre sobre el estado del niño o sus palabras, para refrescar la memoria del niño. Las preguntas planteadas son:

- Impresión general en este momento sobre las experiencias de las estancias temporales.

- Impresiones que tuvo en el momento de las estancias: lo que le gustó, lo que dejó sorprendido y/o lo que no le gustó.

- Opiniones sobre la utilidad de las iniciativas realizadas en el hogar y las impresiones al haber realizado cada iniciativa presentada en el apartado anterior.

Impresión general sobre las experiencias de las estancias temporales

Resumiendo sus respuestas, el niño valora positivamente las estancias temporales como una experiencia en la que pudo conocer el colegio japonés y gente diferente a la habitual. No tiene la conciencia de haber perdido parte de las vacaciones de verano del colegio local, como algunos adultos de su entorno temían que pudiera suceder. Incluso apenas tiene recuerdos negativos.

No obstante, en realidad sí ocurrían situaciones negativas. Según las notas apuntadas por la madre, en el primer año de educación infantil el niño lloró varias veces por no querer entrar a la piscina,[13] ya que en esa época tenía miedo al agua, y en el segundo año fue al *yōchien* con la promesa de no entrar a la piscina. Asimismo, en 1º de primaria, después de una semana yendo motivado al colegio, se puso enfermo el fin de semana. En la segunda semana, pese a que había recuperado la salud aparentemente, rechazó ir al colegio y faltó 3 días. En el momento de la entrevista, el niño se acordó de lo que pasaba con la piscina, pero no se acordó del rechazo rotundo a ir al colegio.

---

13. En los colegios japoneses, en verano se practica la natación en la asignatura de educación física.

Según otra nota, en los últimos días de la estancia en 1° de primaria, el niño se sintió molesto por el hecho de que solamente él no podía llevar de préstamo los libros de la biblioteca para el verano y dijo, "来年返せるのに *Yo podría devolverlos el año que viene*", a pesar de que en la familia no había hablado de los planes del año siguiente. También en el mismo año a un amigo que le preguntó si iba a su colegio todos los años le respondió de inmediato, "うん *Sí*". De estas anécdotas se puede deducir que al llevar 3 veranos yendo al colegio japonés esta estancia temporal se había convertido en una rutina de verano para el niño.

Impresiones que tuvo en el momento de las estancias

En el centro de educación infantil lo que le gustaron fueron los juegos que en España no se hacían en el colegio, como juegos de arenero o de barro, elaboración de *slime*, etc. Asimismo, menciona que le alegraba recibir las cartas de despedidas u otros recuerdos que le regalaron en el último día, tanto los años de infantil como de primaria. Lo que le sorprendió es el gran tamaño de las instalaciones del colegio como la piscina, el pabellón, la biblioteca, etc. teniendo casi el mismo número de alumnos que en su colegio español, y la existencia de la sala de enfermería (保健室), donde le acogieron temporalmente después de los días del rechazo al aula. No se acuerda de lo que no le gustó o de los problemas, y dice "みんな、教えてくれるからさ、まあ、そんなに大変じゃなかった Todos me enseñaban, así que no me costaba tanto".

Según las notas de la madre, en la salida del primer día de primaria los compañeros le llevaban de la mano al niño, que estaba muy contento. Otra nota revela que en 2° de la primaria, disfrutaba tanto el camino de vuelta a casa con los amigos charlando y jugando que dijo a la madre que le llevó el paraguas, "ママ、来なくてよかった *Mamá, no hacía falta que vinieras*". Luego cada año había más relación con los amigos después del colegio, y se fue ampliando el espacio de desplazamiento y el número de los amigos con los que jugaba.

Opiniones sobre la utilidad de las iniciativas e impresiones

Algunas respuestas son: "(Hacer los eventos anuales) 同じことをするみたいって感じ *Me hacía sentir hacer lo mismo* (que los niños de Japón)." "(Visitar el blog) 何やってるんかなって、...夏じゃない時にね (Pude conocer) *qué hacían ellos ... cuando no era verano*" "(Ver los dibujos animados japoneses) うん、話せるし *Así puedo hablar del tema* (con los amigos)" Estas respuestas, igual que las respuestas del subapartado anterior, han revelado *la importancia de los amigos*.

Respecto a las actividades de escribir como las fichas mensuales, responde que fue útil para no perder la habilidad adquirida de escribir. "(Hacer redacciones o el aprendizaje de kanji a la hora de merienda) いやな時もあったけど Fue pesado algunas veces" "(Hacer los ejercicios por destreza[14]) いつまでやっても 終わらないって感じ Me hizo sentir como que no se terminaba nunca (un cuaderno)" "でもいやだったことは全部書くこととか覚えていくことだから 役立ったと思うよ Pero lo que fue pesado y molesto eran todo para escribir y aprender, *así que creo que me sirvieron*", cuenta reflexionando.

Conclusiones y prospectivas

Conclusiones

En primer lugar, observamos si fueron beneficiosas las iniciativas para conducir las estancias temporales a unas experiencias positivas. Como resultado, el niño cada año tenía gran ilusión de ir a Japón e ir al colegio japonés. De igual modo, actualmente con sus 14 años no encuentra recuerdos negativos en sus estancias temporales y lo considera una experiencia sumamente positiva para él. Las respuestas de la entrevista y las notas de su madre han demostrado que los factores de este resultado positivo son, además de las iniciativas en el hogar que se han expuesto en el presente trabajo, las condiciones en el colegio destino donde le acogieron con los brazos abiertos cada año y la existencia de los amigos. Con respecto a crear amistades, aunque depende de la edad y del carácter del niño, se requiere apoyo de la familia, así como relacionarse con familias japonesas u organizar reuniones de juegos.

Como recomendaciones en este aspecto para las familias que plantean las estancias temporales en el futuro se podrían proponer las siguientes: 1) consultar al colegio de destino el contenido de las materias que van a tratar durante la estancia y estudiarlo previamente para que el/la niño/a pueda entender mejor las clases y pueda sentir satisfacción, 2) explicarle al/a la niño/a que no tiene importancia si no entiende bien las clases, y que debe disfrutar otras actividades propias de la vida escolar japonesa, como el recreo, la comida en el aula o incluso las tareas de servir, o limpiar el aula entre todos, y que en el colegio japonés se pueden tener diversas experiencias que normalmente no se experimentan en el colegio español, como natación en educación física, caligrafía, experimentos en ciencias naturales, y en 5° y 6° incluso costura o cocina en la asignatura de hogar, uso de sierra electrónica en arte plástica, etc.

En segundo lugar, con respecto a las iniciativas para adquirir y mejorar las habilidades de lengua japonesa, este aspecto también logró un resultado positivo.

---

14. Los ejercicios de lengua japonesa "くもんの小学ドリル", series de 言葉と文のきまり (Léxico y gramática), 文章の読解 (Comprensión lectora) y 文章の書き方 (Redacciones).

El niño consiguió mejorar su habilidad lingüística lo suficiente para disfrutar sin gran problema en el colegio japonés y para poder gozar de la literatura infantil de 10 a 12 años. Se considera que los factores de este resultado son: el aprovechamiento de lugar y tiempo aparte del estudio sentado en el escritorio, y el hecho de venir continuando el aprendizaje de japonés, ajustando al cambio de relación madre–hijo a medida que crece el niño y recogiendo la opinión del propio niño, aunque con prueba y error.

Perspectivas

A continuación, se enumeran los momentos que se manifestaron las dificultades o problemas en este caso del recorrido de enseñanza y aprendizaje de japonés como lengua de herencia sin recurrir a *hoshūko*, para que se tengan en cuenta a la hora de diseñar el método de enseñanza o aprendizaje. 1) Cuando al niño le surgió la duda de por qué hay que estudiar japonés aparte de las materias del colegio local, alrededor de 2º de primaria. 2) Cuando empezó a preferir jugar al deporte con los amigos locales, alrededor de 3º de primaria. Esto, según cada niño/a, podría derivar en la dificultad de compaginar con los deberes del colegio local y/o con las actividades extraescolares. 3) Cuando empezó la etapa de rebeldía adolescente en la que no quería seguir lo que marca o sugiere su madre, alrededor de 4º/5º de primaria.

En esos momentos mencionados, la enseñanza y el aprendizaje desarrollado solamente en el hogar requiere más constancia tanto en los padres como en el propio niño por no tener las pautas que marcan las clases de alguna institución o por no tener compañeros que caminen juntos.

En cuanto al niño de este trabajo, tras el periodo de las iniciativas, desde que empezó la educación secundaria, dejó de estudiar japonés en el escritorio. Aunque existe el contacto con la lengua japonesa a través de los dibujos animados o algunas lecturas aparte de las conversaciones en familia, se nota el aprendizaje de la lengua de herencia es influido por la relación de padres–hijo en la adolescencia. El objetivo actual es mantener las habilidades lingüísticas adquiridas hasta los 12 años. Sin embargo, lo cierto es que ya se puso fin la etapa en la que su madre le enseña o marca el camino y ahora es una actividad por voluntad propia del hijo. Se necesita la búsqueda de formas de apoyo por parte de los padres ante los aprendices de la lengua de herencia de estas edades, sin olvidar que se debe tener una visión a largo plazo.

Cummins, Jim. 2006. "Gakkō ni okeru gengo no tayōsei –Subete no jidō seito ga gakkō de seikō suru tame no shien–" 学校における言語の多様性―すべての児童生徒が学校で成功するための支援— [La diversidad lingüística en la escuela: apoyo para que todos los alumnos tengan éxito en la escuela], traducido por Kazuko Nakajima y Emiko Yukawa 中島和子、湯川笑子. http://www.mhb.jp/mhb_files/Cumminshanout.doc

Fuchs–Shimizu, Michiyo フックス–清水美千代, Sawako Nemoto 根元佐和子, y Sei Miwa 三輪聖. 2020. "Ōshū ni okeru keishō nihongo kyōiku no genjō –nettowāku kōchiku o mezashite–" 欧州における継承日本語教育の現状―ネットワーク構築を目指して— [La actualidad de la enseñanza del japonés como lengua de herencia en Europa: hacia la construcción de una red]. Conferencia presentada en el Foro Internacional en línea de Bilingual/Multilingual Child Network (BMCN), octubre de 2020 a marzo de 2021.

Fukuda, Makiko 福田牧子. 2005. "El Collegi Japonès de Barcelona: un estudi pilot sobre les ideologies lingüístiques d'una comunitat expatriada a Catalunya" *Treballs de sociolingüística catalana 2005*: 209–228. https://raco.cat/index.php/TSC/article/view/224210

———. 2009. "Els usos lingüistics dels nens japonesos i 'nipocatalans'/'nipocastellans' escolaritzats a Catalunya –el cas de l'alumnat de l'escola complementària de llengua japonesa i del collegi japonès de Barcelona–" *Interlingüística* 19: 707–716.

———. 2016. "La transmissió de la llengua d'herència a les famílies de l'Escola Complementària de la Llengua Japonesa de Barcelona (2004–2014)" *Treballs de sociolingüística catalana* 27: 43–61. http://dx.doi.org/10.2436/20.2504.01.124

Fukushima, Seiji 福島青史. 2014. "'Watashi no kazoku' no gengo seisaku" 『わたしの家族』の言語政策 [La política lingüística de "mi familia"]. En *Tsunagu –watashi, kazoku, nihongo–: doitsu hatsu: Kaigai ni sumu kodomotachi no nihongo shūtoku, keishō o kangaeru sasshi* つなぐ―わたし・家族・日本語―：ドイツ発：海外に住む子どもたちの日本語習得・継承を考える冊子 [Conectar –yo, la familia, el japonés–: desde Alemania: libro para reflexionar sobre el aprendizaje y la herencia del japonés de los niños residentes en extranjeros], editado por Maho Itonaga, Wakako Katsube, y Midori Satsutani, 7–17. Frankfurt: Japanisches Kultur – und Sprachzentrum e.V. https://tsunagu–jki.de/wp–content/uploads/2021/07/Fukushima_Tsunagu–essay1_2014_–pp.7–17.pdf

Kiyotake, Yasuyuki 清武康之. 2015. "Kiro ni tatsu nihonjin gakkō –Baruserona nihonjin gakkō no aratana tokushoku zukuri o motomete–" 岐路に立つ日本人学校―バルセロナ日本人学校の新たな特色づくりを求めて— [Colegio japonés en la encrucijada: buscando la creación de los nuevos características del Colegio japonés de Barcelona]. *Zaigai kyōiku shisetsu ni okeru shidō jissen kiroku* 在外教育施設における指導実践記録 38: 178–181.

Ministerio de Educación, Cultura, Deportes, Ciencia y Tecnología de Japón (Monkashō) 文部科学省. 2015."Zaigai kyōiku shisetsu no gaiyō" 在外教育施設の概要 [Información sobre las instituciones educativas instaladas en el extranjero]. Última modificación el 3 de febrero de 2015. https://warp.ndl.go.jp/info:ndljp/pid/8965508/www.mext.go.jp/a_menu/shotou/clarinet/002/002.htm

Ministerio de Educación, Cultura, Deportes, Ciencia y Tecnología de Japón (Monkashō) 文部科学省. 2021."Zaigai nihonjin shijo tō e no kyōkasho no mushōkyūyo" 在外日本人子女等への教科書の無償給与 [Reparto gratuito de los libros de texto para los niños residentes en el extranjero]. Última modificación el 2021. https://www.mext.go.jp/a_menu/shotou/kyoukasho/gaiyou/04060901/1235100.htm

Nakajima, Kazuko 中島和子. 1997. "Keishōgo toshite no nihongo kyōku joron" 継承語としての日本語教育序論 [Una introducción de la enseñanza del japonés como lengua de herencia].

En *Keishōgo toshite no nihongo kyōiku –kanada no keiken o fumaete–* 継承語としての日本語教育—カナダの経験を踏まえて— [Enseñanza del japonés como lengua de herencia: basado en la experiencia de Canadá], editado por Kazuko Nakajima, y Michiko Suzuki, 3–20. Welland, Ontario: Éditions Soleil.

Nakajima, Kazuko 中島和子. 2016. Kanzen kaitei ban bairingaru kyōiku no hōhō 完全改訂版 バイリンガル教育の方法 [Edición completamente revisada: métodos de educación bilingüe]. Tokio: Alc.

Nakajima, Kazuko 中島和子. 2017. "Keishōgo bēsu no maruchiriterashii kyōiku –beikoku, kanada, EU no koremade no ayumi to nihon no genjō–" 継承語ベースのマルチリテラシー教育—米国・カナダ・EUのこれまでの歩みと日本の現状— [Educación multiliteraria a base de lengua de herencia: pasos hasta ahora en EEUU, Canadá y EU y la situación actual en Japón]. *Bogo, keishōgo, bairingaru kyōiku (MHB) kenkyū* 母語・継承語・バイリンガル教育（MHB）研究 13: 1–32.

Okumura, Minako 奥村三菜子. 2010. "Doitsu no nihongo hoshūkō yōjibu ni okeru genjō, jissen, kōsatsu" ドイツの日本語補習校幼児部における現状・実践・考察 [Situación actual, prácticas y consideraciones en la sección de educación infantil de una escuela complementaria de la lengua japonesa en Alemania]. *Bogo, keishōgo, bairingaru kyōiku (MHB) kenkyū* 母語・継承語・バイリンガル教育（MHB）研究 6: 80–95.

Shibuya, Maki 渋谷真樹. 2010. "Kokusai kekkon katei no nihongo keishō wo sasaeru katari –Suisu no nihongo gakkō ni okeru chōki gakushūsha to hahaoya e no kikitori chōsa kara–" 国際結婚家庭の日本語継承を支える語り—スイスの日本語学校における長期学習者と母親への聞き取り調査から— [La narración que apoya la herencia de la lengua japonesa de las familias internacionales: a partir de las entrevistas con la aprendice de larga duración y su madre en un colegio japonés en Suiza]. *Bogo, keishōgo, bairingaru kyōiku (MHB) kenkyū* 母語・継承語・バイリンガル教育（MHB）研究 6: 96–110.

Team Motto Tsunagu, ed. チーム・もっとつなぐ編. 2021.*Watashigo pōtoforio" Katsuyō gaido (Onrain kōkai ban)* 『わたし語ポートフォリオ』活用ガイド【オンライン公開版】 [Guía de aplicación para el portafolio de mi idioma (versión online)]. Último acceso el 4 de abril de 2021. https://tsunagu–jki.de/watashigo/

The Association of Japanese Language Teachers in Europe (AJE) ヨーロッパ日本語教師会. 2021. "European Network for Japanese as a Heritage Language" Newsletter N.67. https://www.eaje.eu/ja/nl–article/49

Wakinaka, Kiyoko 脇中起余子. 2013. *"9 sai no kabe" wo koeru tame ni: seikatsu gengo kara gakushū gengo e no ikō wo kangaeru* 「9歳の壁」を超えるために：生活言語から学習言語への移行を考える [Para superar el muro de 9 años: pensar la transición de la lengua cotidiana a la lengua académica]. Kioto: Kitaōji shobō.

Capítulo 7

Impacto de las actividades de lengua japonesa heredada como patrimonio cultural: Investigación en Salamanca

Masako Kubo, Universidad de Salamanca

Resumen

En este trabajo presentamos las actividades desarrolladas en un pequeño grupo, dirigidas a los niños de infantil y primaria de origen japonés y residentes en una ciudad española, Salamanca. Este grupo surgió por iniciativa de los padres, que deseaban que sus hijos aprendieran su lengua de origen, japonés. El objetivo de estas actividades era fomentar la lengua japonesa heredada. Nos proponemos analizar los efectos que cada niño y cada familia participante experimentaron, sopesando las posibles ventajas y el valor de asimilar la lengua japonesa en el proceso de aprendizaje, como patrimonio cultural heredado. Para ello, como metodología realizamos historias de vida de los niños y padres participantes, y además entrevistamos a otras familias que no participaron en estas actividades, para valorar a través de esta comparación el impacto de dichas actividades.

Palabras clave: Plurilingüe/pluricultural, lengua heredada, patrimonio lingüístico, enseñanza del japonés, historia de vida

Introducción

Al observar nuestra evolución histórica, nos damos cuenta de que realmente somos viajeros nómadas desde el origen mismo de la humanidad: para sobrevivir, conquistar y colonizar territorios, en busca de conocimientos, para relacionarnos, para intercambios comerciales y también para descubrir el mundo desconocido. Se recorrieron kilómetros de viajes y expediciones superando las dificultades. En nuestra era actual, en la que disponemos de una moderna tecnología, no es sorprendente el incremento vertiginoso de la movilidad humana. Se trata no sólo de trasladarse, sino de residir en un país lejano, algo frecuente en nuestros días.

Curiosamente hay pocos países que recogen datos de sus ciudadanos nacionales fuera de su país. En el caso de Japón encontramos estudios sobre la movilidad de sus ciudadanos en Hayashi y Chitose (2016), a partir de los datos del Ministerio de Asuntos Exteriores. Según estas autoras, en 1881 el número de japoneses fuera de Japón era tan solo de 6096, aumentando hasta 2 670 000 individuos en 1936 por la emigración organizacional del gobierno japonés. Tras el final de la Segunda Guerra Mundial la mayoría regresa a Japón, quedando 200 000 en el extranjero alrededor del año 1955. A partir de entonces la cifra va paulatinamente en aumento hasta alcanzar 1 410 000 individuos en 2019 [1] (Ministerio de Asuntos Exteriores 2020). Desde este momento, tanto los japoneses de residencia prolongada o permanente en el extranjero continúan en aumento.

A partir de estos datos es fácil pensar en las nuevas generaciones descendientes que crecen con distintas lenguas y en diversas culturas, con la correspondiente preocupación de los padres sobre su conocimiento del japonés. En 2001 el Consejo Europeo aboga por el "plurilingüismo y pluriculturalismo" (Ministerio de Educación, Cultura y Deporte 2002), es decir, la diversidad de uso lingüístico y la experiencia cultural en una persona. Los niños que crecen en matrimonios internacionales, así como todos los componentes de la familia, viven en un entorno plurilingüe y pluricultural.

En relación con la adquisición del lenguaje de estos niños plurilingües, hasta mediados de los años 60, la tendencia popular era asociar el bilingüismo con el estancamiento en los estudios, inestabilidad emocional o trastornos mentales, pero desde los 70, la tendencia va en sentido contrario, siendo considerado el bilingüismo como una ventaja para el desarrollo intelectual y la creatividad, entre otros aspectos (Nakajima 2016). El término inglés *heritage language*[2] adquiere gran preponderancia en este siglo XXI, incrementando su uso, y el término es introducido al japonés como 継承語 *keishōgo*. Nakajima (2003) define que la lengua heredada es la que se hereda de los padres, indiferentemente de la lengua utilizada en la sociedad en la que viven, y es independiente de su nivel de manejo. En la traducción al español encontramos indistintamente lengua heredada, lengua de herencia o lengua de patrimonio. Los términos "heredado" o "herencia" se emplean bien como verbo o como sustantivo, indicando la acción o el proceso, y con el significado de adherido y unido. Por otro lado, el término "patrimonio" es utilizado por la UNESCO para expresar un legado y constituye el conjunto de valores que dan sentido a la existencia desde la lengua, los ritos, las creencias, los lugares y monumentos históricos, la literatura, las obras de arte, así como archivos y bibliotecas (UNESCO 1982). El patrimonio restablece su identidad creando un vínculo con los valores del pasado, presente y futuro, generando desarrollo con un

---

1. En el 2020 disminuye a 1 357 700, reflejando el impacto del COVID–19.
2. Antes de la irrupción del término "*heritage*" según el nivel de dominio lingüístico, categorizaban a los hablantes como nativos, hablantes casi nativos y bilingües. Posteriormente surgen otras denominaciones tales como *home background speakers* en Australia y *heritage language speakers* en Canadá (Valdés 2005). El término inglés *heritage language* arraiga en Canadá y Estados Unidos, aunque queda por definir con precisión su concepto (Wiley 2014).

sentido de legado comunitario (UNESCO 2014). En este trabajo, utilizaremos "lengua heredada" como patrimonio, pues la intención de los padres es legar su lengua y cultura maternas a sus hijos con visión de futuro. El mismo término *heritage* concede más peso al pasado, por lo que es aún cuestionado (Wiley 2014). Lo que desean los padres es legar la lengua japonesa no sólo como una herramienta sino también como un valor cultural para sus hijos, así, la lengua que tratamos aquí es la lengua heredada como patrimonio cultural.

Aunque Kouritzin (1999) destaca el riesgo de que la primera lengua quede relegada, y Miyake (2015) cuestiona la necesidad y el significado de heredar la lengua como patrimonio, la mayoría de los padres quiere legar activamente la lengua materna a sus hijos. Akiyama (2018) destaca la importancia que tienen los padres en la enseñanza lingüística y en actuar como modelos culturales. ¿Qué políticas lingüísticas asumirán sobre sus hijos los padres cuya lengua materna es japonesa? En ese momento los padres se plantean la opción de enseñárselo privadamente en casa y/o abordar su aprendizaje además en grupo.

Objetivo

En este trabajo presentamos las actividades de lengua japonesa heredada como patrimonio cultural, dirigidas a los niños de origen japonés de al menos uno de los progenitores, residentes en España, concretamente en Salamanca. Asimismo, nos proponemos analizar los efectos tanto en los niños como en sus familias de estas actividades. Este grupo, aunque pequeño, fue iniciado por el deseo de los padres de reforzar el aprendizaje del japonés y, asimismo, a través de la lengua, socializar a sus hijos en la cultura japonesa. Analizaremos a través de entrevistas cuáles fueron las experiencias vividas en estas actividades por cada participante, si se fomentó el interés por la lengua y la cultura japonesas y cómo los padres se esforzaron por esta enseñanza, convencidos de su valor. Por otra parte, entrevistamos a padres e hijos de familias internacionales no participantes en estas actividades, para a través de la comparación analizar la influencia de estas actividades en el pequeño grupo de estudio.

Metodología

La autora de este trabajo participó activamente tanto en la organización como en la realización de las actividades. Este trabajo de campo consistió en una observación participante durante más de 8 años consecutivos desde el rol de la autora como organizadora y dinamizadora dentro del grupo entre los padres participantes, desde su inicio en enero del 2012 hasta la inactividad temporal causada por la pandemia de COVID–19 en marzo de 2020. El trabajo de campo desde la posición integradora permitió a la autora acceder a toda la información tanto por parte de los padres como de los hijos. La investigación propone una metodología fundamentalmente cualitativa, obteniendo datos relevantes a través tanto de la observación participante como de la entrevista semiestructurada. La relevancia de esta metodología cualitativa está validada por autores tales como Barrett (2009).

Asimismo, se realizaron entrevistas a seis niños participantes en las actividades y a sus padres de abril a junio del 2021. La técnica utilizada en esta ocasión es la historia de vida, como instrumento de obtener los datos individuales, proporcionando información conceptual sobre los valores personales y la ideología (Conway y Pleydell–Pearce 2000), efectiva para recoger las historias personales (McAdams 2008). Estos enfoques narrativos de la identidad representan un nivel diferente de análisis, como única forma de evaluar la subjetividad (Adler et al. 2016). Las narrativas permiten a los investigadores comprender las experiencias vividas en contexto de manera ética y significativa (Kleinman 1988; Fivush 2010). La apreciación de las voces y experiencias de los participantes se puede hacer examinando la naturaleza dinámica y contextualizada de las historias, que a menudo se logra a través de una investigación cualitativa (Hammack 2008). Dado que la autora tenía suficiente conocimiento previo sobre los miembros del grupo, adquirido durante los largos años de estas actividades, nos decidimos por realizar una entrevista de historia temática, cercana a la entrevista de historia de vida, que respeta los sentimientos del informante. Así, recogimos las impresiones y memorias guardadas por cada participante. Como grupo control, entrevistamos a los que no vinieron a las actividades, que en este caso eran tres niños y dos padres de dos familias. También entrevistamos a tres padres de dos familias cuyos hijos empezaron pero no siguieron.

Cada entrevista fue realizada en distintos ambientes para facilitar la comunicación. Hubo entrevistas en las que estuvieron hijos y padres juntos y ocasiones en las que se les entrevistó por separado. Unas fueron presenciales y otras por videollamada, pero siempre de tipo conversacional. La lengua utilizada fue básicamente el japonés, aunque según la situación a veces utilizamos el español.

En la descripción de la entrevista hemos utilizado iniciales para salvaguardar la privacidad de los informantes: mayúscula para los niños y minúscula para los padres. Por la misma razón hemos utilizado términos genéricos, por ejemplo, "padre" para indicar padre o madre, al igual que "niño" para niño varón o niña. Las narraciones en japonés están traducidas por la autora y destacadas en cursiva para distinguir el idioma de origen. Cuando utilizaron español, la transcripción es exacta.

Actividades de lengua japonesa heredada en Salamanca

Contexto

Salamanca es una ciudad pequeña situada al noroeste de España, cuyos habitantes no llegan a 150 000[3] (Instituto Nacional de Estadística 2021). Sin embargo, por la antigüedad de la Universidad, se la conoce clásicamente como ciudad universitaria. Tuvo éxito en la promoción de la internacionalización y la enseñanza del español como segunda lengua y así anualmente acoge a muchos estudiantes extranjeros. Por otro lado, tiene una relación intensa con Japón desde los últimos 30 años, que se refleja en el alto número de convenios establecidos con universidades japonesas y en la creación del Centro Cultural Hispano–Japonés. Esto no explica el elevado número de japoneses residentes y numerosos matrimonios internacionales con japoneses en Salamanca, aunque no podemos separarlo del todo de este contexto.

Cuando una persona se establece en un lugar extranjero y crea una familia, se enfrenta a la tarea de relacionar dicha familia con la suya propia en el país de procedencia. Ante la situación de tener que criar a los niños en una familia internacional, en una sociedad distinta de la propia, surgen cuestiones además de establecer una relación con Japón, tales como la de vincularse con la parte de la familia de Japón. Los padres japoneses van a ser más conscientes de su identidad japonesa y del vínculo familiar con el país natal. ¿Qué medios tendrían en una ciudad pequeña para intentar transmitir la cultura y la lengua,? En las grandes ciudades encuentran puntos de contactos y ocasiones de interaccionar con la cultura o la lengua japonesa, por ejemplo, el colegio japonés, la escuela complementaria de japonés de fines de semana, clases de japonés y la participación en la comunidad de japoneses, entre otras actividades. En pequeñas ciudades como Salamanca, es evidente la escasez y falta de tales oportunidades para la enseñanza del japonés en comparación con las grandes ciudades.

Inicio del grupo de japonés como lengua heredada

Es cierto que se puede crear un entorno de adquisición lingüística a nivel individual. E incluso hay veces que resulta mejor estudiar solo. Sin embargo, para fomentar la socialización del niño, hay que tener en cuenta la importancia de la familia y el hogar como primera instancia, y el colegio y el entorno social más cercano como la segunda. En el caso del aprendizaje de la lengua japonesa heredada con base en la sociedad local, no podría darse el aprendizaje al mismo

---

3 Datos durante los últimos 7 años. Antes de 2012, hubo un poco más de 150 000 habitantes.

nivel. Sin embargo, el valor social y el mejor resultado de aprendizaje se obtiene a través de experiencias reales y de la comunicación con los demás. Sin embargo, no es una tarea fácil la de organizar tal ambiente, y si se trata de una enseñanza de la lengua heredada, hay una dificultad añadida.

Así, los padres que compartían unas mismas preocupaciones llegaron a crear un grupo a fin de conseguir oportunidades de aprendizaje de japonés a través de actividades para los niños que tienen de herencia la lengua japonesa. El inicio fue en enero de 2012 con cuatro niños de edades similares en 3 familias. Las reuniones fueron desarrolladas en el Centro Cultural Hispano–Japonés, cuyo objetivo es el intercambio cultural entre Japón y España, lo que entraba de lleno en nuestras actividades. Al tener un punto de contacto con un centro cultural, lugar de difusión de informaciones relacionadas con Japón, produjo un efecto positivo para el grupo.

Hubo ciertos movimientos en el número de participantes, los cuales al llegar a cierta edad tenían otras actividades extraescolares, largas estancias o regreso a Japón, pero siempre hubo entre 5 y 6 participantes, como se puede observar en la tabla 1. Se trata de un número mínimo, pero que continuó hasta marzo de 2020, y que fue interrumpido con la llegada de la pandemia.

Tabla 1: Historial de participantes en las actividades (Fuente: Elaboración propia).

Año	N.º de niños participantes	Grupos según tramo escolar		
		Preescolar/infantil (edad)	Primaria (edad)	
			Primer grupo	Segundo grupo
2012	4	2 / 2 / 4	7	
2013	4	3 / 3 / 5	8	
2014	6	2 / 3 / 4 / 4 / 6	9	
2015	6	3 / 4 / 5 / 5 / 7	10	
2016	6	4 / 5 / 6 / 6 / 8	11	
2017	5		5 / 7 / 7 / 9	12
2018	5	3 / 6	8 / 8 / 10	
2019	5	4 / 7	9 / 9 / 11	
2020	5	5	8 / 10 / 10 / 12	

Contenido de las actividades desarrolladas

Al principio las actividades fueron sobre todo dirigidas a los niños preescolares. El padre de un niño de primaria consideró que el mismo contenido preparado para los niños preescolares era una parte suficientemente interesante y, puesto que había materia novedosa para su hijo, realizamos una parte por separado asignándole una tarea para que la realizara de forma autodidacta, mientras que otros contenidos eran impartidos a todos. La razón por la que pudo compartir los estudios era porque era el mayor de todos, pero se encontraba dentro del margen de edad que le permitía jugar con los más pequeños. Igualmente, el niño mayor era capaz de compartir los juegos con su hermano menor y tenía motivación por estudiar con otros niños encontrando en el estudio algo lúdico y nuevo. Durante algunos años siguió así, pero la situación iba cambiando conforme iba creciendo. La diferencia de edad era la misma, pero la distancia aumentaba al ir haciéndose mayor.

Las reuniones de cada viernes por la tarde eran desde las 18 hasta las 19:30. Durante los primeros 15 minutos los niños iban llegando, entregaban las tarjetas de asistencia y hablaban en japonés libremente de sus cosas. Seguía una sección principal de 45 minutos hasta las 19 horas donde recibían una clase de lengua japonesa, y la última sección de 30 minutos se dedicaba a actividades variadas: lectura de libros, canciones y juegos. La primera parte se organizaba mejor en grupos de niños de edades similares, y la siguiente sección más lúdica era casi siempre apropiada para todos, incluidos los padres. El ambiente propiciaba los juegos entre los niños, pero comenzábamos con las actividades pedagógicas de estudio para finalizar con lo que más les gustaba, es decir, las actividades lúdicas. Si se empezaba con juegos, era muy difícil continuar con el estudio que les obligaba a permanecer sentados y atentos a lo que se les enseñaba.

Estas cuatro actividades, consistentes en un tema de estudio, una lectura en voz alta de un libro por parte de un padre, una canción y un juego, eran organizadas por cada uno de los padres japoneses, en turnos sucesivos y semanales. Cuando un padre tenía que responsabilizarse de una actividad durante un periodo largo de más de dos semanas seguidas, el resultado no era bueno, mientras que sí funcionaba a corto plazo, compartiendo y manteniendo responsabilidades de participación continua. Asimismo, los niños prestaban más atención, sin aburrirse. Cada padre tenía ideas distintas y presentaba temas que deseaba que aprendiese su hijo, poniendo énfasis en distintos puntos y, por supuesto, con distinta forma de enseñar y ejercer de profesor, con lo que los niños no encontraban aburrido el contenido y cada semana encontraban algo nuevo. Los padres, por otra parte, siempre quieren enseñar a sus hijos según el método de enseñanza de Japón, pero el método de los nativos japoneses en Japón no encajaba con el entorno en el que se encuentran estos niños y se daban cuenta de que no funcionaba enseñarles como les enseñaron en Japón a ellos cuando eran niños. La diferencia no sólo se debía al tiempo y a la distancia generacional, sino también a que la situación en la que se encontraban estos niños era muy diferente. Al no ser profesionales docentes, los padres nos preguntábamos cómo podríamos enseñar el japonés entre todos. Nunca planteamos un programa de estudio detallado y hubo mucha libertad en las tareas. Sin embargo, al ser los padres los máximos responsables de sus hijos, mostraban cierta seguridad de que sabían muy bien lo que necesitaban aprender los niños en cada momento. Por otro lado, los propios niños también seguían los estudios con un sentido de colaboración con los padres docentes.

Para la sección de estudios, se han tomado de ejemplo las materias didácticas dadas o métodos utilizados en la guardería o escuela infantil local, adaptándolos al japonés. Igualmente, fueron útiles los materiales gratuitos en internet, juegos de palabras a través de las tarjetas, o juegos de mesa hechos por los padres, y ejercicios grafomotrices y de caligrafía, entre otras actividades. Cuando la mayoría de los niños alcanzó la edad de escolarización primaria, se utilizaron las lecturas de textos de lengua japonesa y de moral. Esto hizo el contenido más profundo y diversificó las actividades, estudiando no sólo letras y caracteres chinos sino también desarrollando tareas de pensar, opinar y exponer en grupo, entre otras cosas. También se utilizaron temas de ciencias naturales y sociales, aunque no eran tan frecuentes como los de lengua japonesa. Sorprendía que los niños no consideraban importante aprender algo en japonés cuando ya lo habían aprendido en español. Esto indica que el contenido era lo importante para ellos y no tanto el idioma, que era un simple medio de comunicación. A parte de esto, se desarrollaron otras actividades enfocadas más a la cultura, tales como 習字 *shūji* (caligrafía), papiroflexia, y manualidades para las fiestas anuales. Todas estas prácticas eran importantes para los padres, dado que se relacionaban con la lengua japonesa y Japón.

En cuanto a la lectura de libros, en la que un padre comenzaba a leer, la dificultad que encontramos es que conforme los niños iban creciendo, dejaban de prestar atención a los cuentacuentos o a libros destinados a niños más pequeños, que de pequeños sí disfrutaban. Se solucionó el desinterés planteando preguntas sobre el contenido de la lectura, o haciendo que algún niño saliera a leer junto con un padre. Se seleccionaban los libros en la biblioteca o se traían de casa. Casi nunca se repetían los títulos, pero cuando se repetía alguno, se convertía en otro libro según el lector.

En la sección de canciones, surgió la idea de traer los libros con música, poner karaoke en el teléfono móvil, o utilizar un proyector. No funcionaba bien cuando sólo había que cantar. Disfrutaban entre todos con las canciones infantiles o folklóricas con baile o gesto. Sólo era necesario que supieran al menos las repeticiones o el coro, dado que bailar y cantar a la vez conllevaba cierta dificultad, y solían preferir concentrarse sólo en bailar.

En último lugar venía el tiempo de juegos, deseado por todos los niños. Fueron propuestos muchos juegos, tradicionales o modernos, que recordaban los padres. Aunque varían según la zona de Japón, ese descubrimiento también servía para animarse más. Los juegos de pasar judías con palillos, 輪なげ lanzar anillos, ゴム飛び saltar gomas, はないちもんめ *hanaichimonme*, フルーツバスケット *fruit basket*, 色鬼 pilla pilla de color, だるまさんがころんだ *darumasan ga koronda* son pequeños ejemplos de los muchos que se planteaban. Los juegos en los que se podía mover el cuerpo moderadamente eran los más adecuados al espacio de que disponíamos. Durante el tiempo de estudio se quedaban sentados, por lo que si se proponía un juego de mesa funcionaba mejor al principio como estudio y en la segunda parte se permitía el juego de movimiento, facilitando así el desarrollo de todo el programa.

Cuando acababan todas las actividades, los niños recogían las tarjetas de asistencia entregadas al inicio, y eran recompensados con un máximo de tres pegatinas reconociéndose así la buena actitud participativa durante todas las actividades con sentido colaborativo y el uso de la lengua japonesa. Cuando llenaban la tarjeta de pegatinas, obtenían un pequeño premio como un lápiz o una pelota.

Análisis del valor de participar en las actividades propuestas

Memoria de los niños participantes y conciencia de los padres

¿Cómo recuerdan los niños participantes estas actividades? Según las entrevistas realizadas a estos seis niños (de aquí en adelante, T, N, M, J, D, P), obtuvimos respuestas francas: 「覚えてない」 *No me acuerdo* (D, P) o 「もう忘れた」 "Ya me he olvidado" (N, J). Es cierto que desde que habían dejado las actividades hasta las entrevistas pasaron 13 a 14 meses, y era mucho tiempo para los niños. Incluso hubo niños que tenían vergüenza al vernos o al hablar con nosotros. En el intento de hacerles recordar: 「毎週金曜日に、○○ちゃんたちと会って勉強してたじゃない。漢字とか鬼ごっことか…」 *Nos reuníamos cada viernes y estudiábamos juntos, ¿no? Los kanji, juego de pilla pilla...*". En estas primeras frases, ya reaccionan: 「あー、覚えてる覚えてる。あれ、こうやって走っていくやつ」 "*¡Ah, sí, me acuerdo! Corríamos así (un gesto)...*" (N) 「遊びが好きだった」 "*Me gustaba el juego*" (D). Así, todos hablaban coincidiendo en recuerdos divertidos del tiempo de juego. En algunas ocasiones se repartían chuches y dulces al finalizar la actividad, y todos los niños empezaron a recuperar los buenos recuerdos de la segunda parte. Por el contrario, en cuanto a la primera parte de estudio, la mitad de los niños tenían recuerdos negativos e incluso desagradables: 「勉強、嫌だった」 "*No quería estudiar*" (T) "*aburrido*" (D) 「別に」 "*nada especial*" (J).

Los recuerdos estaban entremezclados, unos divertidos de juego y otros aburridos de estudio. ¿Cómo es posible que se pudieran seguir reuniendo cada viernes por la tarde? Según sus padres (alfabeto en minúscula correspondientes al de sus hijos): 「ほとんど行きたくないって言った事ない…のは多分小さかったからかなー」 "*La verdad es que casi nunca dijo que no quería ir…supongo*

que será porque era pequeño todavía". (d) 「単純に（自分）が行きたいだけ
に、特にまだ（子の名前）はいきたくないって言う選択肢なかった」
*"Simplemente quería ir yo, y (el nombre del niño) no tenía opción de decir que
no"* (p). Se conoce que influyó la edad de los niños y se introdujo por los padres la
costumbre de acudir cada semana a una reunión de niños.

    Por otro lado, los comentarios de los padres mismos también eran
interesantes: 「会が続いたのは、やはり（親）[4] 達の熱意とやる気」 *"La
continuidad de esta reunión es por la pasión y la motivación de los padres
participantes"* (n) 「楽しく学べるように、（親）達が工夫してたよねー。
漢字ビンゴとか、ハサミ使ったり、お買い物ごっこ的なの覚えてるよー」
*"Los padres más creativos inventaban cosas para que pudieran aprender con
diversión. Recuerdo por ejemplo el kanji bingo, manualidades con tijeras y juego
de compras"* (p). A través de estos comentarios podemos pensar que, en primer
lugar, los padres tenían un mismo objetivo común: que sus hijos aprendieran
japonés. En segundo lugar, para los padres esta reunión no era únicamente para los
estudios de sus hijos: 「正直いえば、（親）達が仲いいこと。誰か嫌な人が
いれば時間を削って金曜の夕方に行こうとは思わないと思います」
*"Francamente, es que entre los padres tenemos buena relación y nos llevamos
bien. Si hubiera alguien que no me gustara, no creo que iría cada tarde de los
viernes"* (n). Así, obtuvieron incluso un sentimiento de compañerismo, distinto de
una simple amistad. Esto es en lo que se convirtió la expectativa de la tarde de los
viernes. 「すごく良かったと思う」 *"Me ha venido muy bien"* (t) 「すっごい
感謝してる」 *"Estoy muy agradecido"* (d) 「（自分）がみんなに会いに行き
たかったから…」 *"Quería ir para ver a todos"* (n) 「行った後スカーって気
分爽快になった」 *"Después de la reunión, me sentía refrescado"* (p) 「（自分
）はちょっと行くの億劫だったけど皆と会えたのがストレス解消でした」
"Yo tenía un poco de pereza en acudir, pero era desestresante encontrar a todos"
(m). Como se ve, todos recuerdan muy positivamente la actividad. Debía de
tratarse de algo más profundo que de un simple momento de relajación. Asumir el
turno de cada actividad repartió la responsabilidad en cada padre y esto es lo que
ha ido proporcionando la sensación de que son ellos los que toman la iniciativa del
aprendizaje de sus niños, beneficiándose ellos mismos de la relación entre ellos.
Se compartían temas como la enseñanza de japonés de sus hijos, la crianza, desde
la misma visión de los padres. Además de la enseñanza, destaca que se había
creado un entorno creativo de encuentro entre los padres, que les aliviaba de los
problemas de haber dejado su país natal, de afrontar las dificultades del lenguaje
y, sobre todo, de la responsabilidad de tener que criar a los hijos en soledad. En

---

4. El informante utilizó un género que ha sido sustituido por la autora.

estas circunstancias, tener un lugar donde poder reunirse con personas del mismo perfil, cumplía una función reparadora.

Igualmente hubo ocasiones en las que los padres españoles trajeron a sus hijos de origen japonés. Al final, acabaron asistiendo a unas pocas sesiones, y no continuaron. Al entrevistarles también a ellos, se reveló un sentimiento interesante: "Al no poder ser yo profesor, me sentía mal al sólo recibir clases. Yo sufría por estar sólo de participante pasivo y por no poder hacer nada...... ¿te acuerdas de que llevé un día dulces? Era para compensar un poco por mi parte". Se ha comprobado que, en caso de las actividades de participación, deben estar bien asignadas las tareas o funciones para que sea un lugar cómodo para todos.

Aprendizaje de japonés de los niños participantes

En cuanto al efecto sobre los objetivos de aprendizaje de japonés para los niños con origen japonés, que fue el primer objetivo de estas actividades, encontramos los siguientes comentarios de una reflexión de un logro sólido, como 「毎週あそこに行って勉強するのがよかった」 *"Estuvo bien estudiar acudiendo hasta allí cada semana"* (j), u otra voz del padre de un niño a quien le costaba hablar el japonés y la mayoría de veces contestaba en español, pero ahora que está en secundaria, 「以外に最近日本語で返してくる」 *"Últimamente me contesta en japonés, algo que no esperaba de él"* (n). Por otro lado, hubo otros padres que reconocen la necesidad de continuar los estudios día a día en cada familia: 「日本語的にはあそこに行くだけではダメやね。家でも勉強せな」 *"Hablando del idioma japonés, no puede ser sólo yendo allí. Deben estudiar también en casa"* (d).

Entonces, entre los que vinieron a las actividades, ¿cuáles son las actitudes sobre el estudio de japonés, aparte de venir a las reuniones? 「食後のちょっとした時間とか、夏休みとかに、毎日プリントやドリルをやってる」 *"Resuelve los problemas a diario en un pequeño tiempo después de la comida o durante las vacaciones de verano"* (j) 「教科書を読み進めている」 *"Sigue leyendo los textos del colegio japonés"* (m) 「週末に日本の通信教育をまとめてする」 *"Estudiar durante fines de semana las tareas del curso por correspondencia"* (t) 「週末に日本の家族とビデオ電話」 *"Videollamadas con la familia en Japón cada fin de semana"* (n) 「日本のテレビ番組は日本語で見させる」 *"obligo a que vea los programas japoneses de televisión en japonés"* (t) 「メモを日本語で書いている」 *"escribimos notas en japonés"* (n) 「毎日勉強する姿勢を身につけさせたいけど、二人同時に座らせるのが無理で、全然できてないです」 *"no estoy pudiendo hacer nada porque es imposible sentarlos a los dos juntos aunque quiero acostumbrarles a estudiar todos los días"* (p) 「特に何にもしていない」 *"no estoy haciendo nada especial"* (d). Es decir, los que tienen actitudes de estudiar japonés sistemáticamente son sólo dos niños y en cuanto al resto de familias sus niños estudiaban con periodicidad únicamente en estas reuniones.

En cuanto al interés que tienen el resto de componentes familiares sobre el japonés como lengua heredada, todas las familias son colaborativas al fomentar su aprendizaje e incluso algunas exigían que todo fuera en japonés, a pesar de las preocupaciones y gentileza del progenitor japonés para que no se sintieran excluidos de la conversación por utilizar el japonés. Además, aunque el japonés no es una lengua fácil para los hispanohablantes, en la mitad de las familias hubo experiencias de aprenderlo posteriormente por interés familiar. Aunque han terminado renunciando por la dificultad, este apoyo actitudinal y tener interés es importante pues influye sobre la educación coincidiendo con el nivel de adquisición lingüística.

¿Qué piensan los mismos niños de la lengua y la cultura japonesas en este entorno familiar? Cuenta: 「アニメのこととか聞かれて嬉しい」 *"Me alegra que me pregunten mis amigos sobre anime y manga"* (N) y presume de su origen japonés y de alguna manera percibe en sus compañeros el foco de su anhelo trasladado en ellos. Otros expresan con la siguiente frase 「めっちゃ大事、だっておばあちゃんと話せなくなる」 *"Es importantísimo. No podré hablar con la abuela si no"*. Todos los niños entrevistados reconocían lo importante que es el japonés para ellos mismos, y para la comunicación con los familiares lejanos de Japón, como primer objetivo.

Importancia del espacio de actividades

Igualmente se revela un elemento importante el lugar donde realizan las actividades. Encontramos una revalorización del espacio como 「勉強会って感じで良かったな」 *"Fue estupendo dando un ambiente de estudios"* (d) o 「（J）は、金曜午後にあそこに行くのが楽しみだった」 *"Para (J) era uno de las expectativas ir hasta allí el viernes por la tarde"* (j) 「我が子の場合そんな機会がなければ行くのも他の子と携わるのも避けていると思います」 *"En caso de mi hijo, creo que evitaría ir al centro y relacionarse con otros niños si no hubiera tenido tales ocasiones"* (n) 「金曜日夕方だし、雨が降ったりしたら行きたくないなーって思うけど、行ったらやっぱり来てよかったって思う」 *"Siendo viernes por la tarde y cuando llueve, no quería ir, pero después de haber ido, cambiaba la idea de que estuvo mejor venir"* (p). Así, para los niños se había convertido en una oportunidad para salir a la ciudad.

Se paralizaron las actividades por la imposibilidad de utilizar el aula a causa de la pandemia y luego por el cierre del edificio al no disponer de personal que lo gestionara. Hubo intención de retomar las actividades virtualmente, pero las reacciones eran: 「会ってナンボってこと」 *"Lo que nos vale es vernos físicamente"* (n) 「オンラインまでして会わないかなー」 *"No me esforzaría por reunirnos online"* (j) 「カメラの前に座らせてっていうのはちょっと無理」 *"Imposible sentarlos en frente de la cámara"* (p) 「オンライン尽くしで疲れた」 *"Me he cansado de la cantidad de sesiones online"* (t), y no llegaron a realizarse en ningún momento. Sin embargo, todos contestaron que sí les gustaría reunirse cuando se recuperase la situación y pudieran reunirse presencialmente. Observamos en estas líneas que habrá sido un motivo importante para la continuidad de las reuniones la realización en el Centro Cultural Hispano–Japonés.

Aprendizaje de japonés de los niños no participantes

Motivos para no participar

Hubo más familias con niños de origen japonés en Salamanca que no asistieron a estas reuniones. Los motivos de su no participación era la política distinta desde el ámbito más lingüístico como diferencia de forma de enseñanza del japonés. Asimismo, influía el ambiente social como, por ejemplo, no relacionarse bien en el grupo tanto por parte de padres como de niños, o por el desinterés de los niños en las actividades. O simplemente por la incompatibilidad horaria, inadecuación de edad, o por priorizar el tiempo en familia. También hubo situaciones de incomprensión lingüística. Cuanto mayor era el niño, más complicado era poder integrarse en el grupo a pesar de la ayuda en español de los compañeros. En estos casos les surge un sentimiento de negación o desinterés, que funciona totalmente al contrario de los deseos de todos, de los niños en sí, de los niños compañeros y de los padres. Las normas del uso único de japonés tendrán que funcionar y afrontarlo con sentido de juego en cualquier momento por cualquier persona, si no, se convierte sólo en una carga psicológica que, como en estos casos, puede conllevar efectos traumáticos.

El tema de la priorización es totalmente voluntario, aunque conlleva un esfuerzo extra que podría suponer una exigencia física y psicológica en otras partes. En este sentido, hay que observar cómo es la persona y adecuar la situación.

La entrevista

¿Qué habrá sido de estos no participantes, en cuanto a su desarrollo de estudios de japonés, el grado de adquisición, su uso y las relaciones con Japón? Podemos conocerlo a través de entrevistas realizadas a las cuatro familias, de las dos que eligieron no participar desde el principio y otras dos que participaron, pero no continuaron.

En primer lugar, tratamos las dos familias que eligieron no participar. Cada familia tiene dos niños de edades parecidas y perfil de progenitor japonés similar. Las entrevistas fueron a tres de los cuatro niños y a dos progenitores japoneses.

Entre ellos mantienen contacto visitándose en sus casas con la idea de fomentar el conocimiento de la lengua y la cultura de Japón, celebrando activamente las fiestas anuales. Cada familia tenía mucho interés y mostraba una voluntad firme para la enseñanza del japonés como lengua heredada. Uno de estos niños estudió el japonés siguiendo un programa durante su edad escolar, además de apuntarse al colegio en Japón durante su estancia en el país. Este niño además, se integró en el colegio japonés de forma favorable manteniendo a sus amigos. Este hecho es fruto de la comprensión del idioma y capacidad comunicativa, y esto le permitió participar en la comunidad escolar. Además, todo lo que recuerda este niño sobre Japón es positivo y también en cuanto a sus estudios. Es un practicante de japonés autónomo.

Los dos niños de la otra familia no tenían tanta constancia en los estudios de japonés como aquel niño, y además no tenían amigos con los que relacionarse en Japón. Sin embargo, tenían claro disfrutar por ejemplo del beneficio de programas de televisión en japonés, relaciones familiares japonesas, y sobre todo, el propio progenitor japonés insistía en la importancia para los niños del idioma japonés. En las entrevistas separadas a cada niño, a la pregunta de la importancia de la lengua japonesa, contestaron: 「すっごく大事だよ。だって、（親）が（おじいちゃん／おばあちゃん）になったとき、日本語ができなかったら、話ができなくなっちゃうから。」 "Importantísimo. Porque cuando mi (padre) sea (un abuelo), no podré hablar con (él) si no sé hablar en japonés". Los dos niños sin dudar ni un segundo, contestaron así, y se esforzaba en seguir aprendiéndolo.

La primera familia se centraba en la adquisición de la lengua japonesa para la comprensión y la propia capacidad comunicativa, para que el niño fuera capaz de manejarla. Para ello reforzaba los estudios con relaciones amistosas y experiencias culturales. La segunda familia cuidaba más la experiencia afectiva para el propio progenitor japonés, más que para los pequeños mismos. Expresar a los niños la importancia no sólo del idioma sino la misma comunicación con él como padre y favorecer la comprensión sobre él mismo. El hecho de introducir a los niños en la cultura y el conocimiento del país de origen facilitará su percepción de la importancia que ello tiene para potenciar la unión con su familia. Todos los niños de estas familias tenían un nivel suficiente de japonés para mantener una conversación cotidiana, de forma fluida.

Por otro lado, tenemos otras dos familias que intentaron participar en las actividades, pero no pudieron continuar. El primer caso es el de un niño de 9 años cuando participó por primera vez. Lo traía a las actividades el progenitor español, que no manejaba el japonés, por lo que manifestó la experiencia de pasar por un apuro al no poder participar en nada. Ambos padres tenían gran interés en que adquiera su hijo la lengua japonesa y, cuando era más pequeño, se sentaban cada tarde de miércoles dos horas con él para tratar de enseñarle. Por lo menos, según cuentan ambos padres, lo pasaban bien durante este tiempo en familia. Aunque con menos frecuencia, viajan a Japón. Cuando están allí tampoco mantienen relaciones familiares por diferencia de edad y distancia geográfica. Desde España tampoco se comunican con la familia japonesa. El niño entiende relativamente poco, y además por su carácter tímido y pasivo, casi no hablaba en las reuniones, y como no consiguió integrarse en el grupo, acabó dejándolo.

Otro caso es el de un niño de 5 años, al que también traía el progenitor español, pero con capacidad comunicativa de japonés pues había vivido en Japón. Es un enamorado de Japón y quiere que sus hijos tengan el idioma japonés como parte de su vida, ampliando las oportunidades de vivir o estudiar en Japón, además de poder comunicarse con la familia japonesa. Según este informante español, el padre japonés no habla nada de japonés en casa a pesar de que le sugiere su utilización para fomentar la enseñanza de la lengua japonesa. Aún así, los propios hijos sentían vinculación y conseguían un nivel comunicativo de japonés. Aunque este niño en concreto venía a las actividades, ni comprendía ni por tanto podía comunicarse. Igual que en el caso anterior, este niño tenía un carácter tímido y una actitud pasiva.

Conclusión

Según el estudio de Kataoka y Shibata (2011) sobre los estudiantes de japonés como lengua heredada, en su relación de la adquisición lingüística y el entorno familiar, no se ha confirmado la diferencia entre los estudiantes con entorno favorable como ir a la escuela complementaria de japonés o estar en un entorno de matrimonio o familia internacional, o tener ambos padres japoneses. Este estudio sostiene que se produce la diferencia en la adquisición de la lengua japonesa cuando se tiene un apoyo adicional de la lengua familiar. Sin embargo, en cuanto a las actividades de japonés como lengua heredada, que es el objeto del presente trabajo, para la capacidad lingüística del japonés en los niños de matrimonio internacional entorno al ambiente familiar, se concluye que tienen más efecto las actitudes o entorno frente al japonés de cada familia y los caracteres de cada niño, y que asistir en las actividades del grupo es simplemente una ayuda más. En ese sentido, cuando retomen las actividades, cabe la posibilidad de plantear una revisión general, por ejemplo, compartiendo claramente el objetivo de asistir que tiene cada familia participante, estableciendo retos y planificando a corto plazo.

Los niños no participantes en estas actividades, pero con continuidad en estudios de japonés y con relaciones con otras familias japonesas residentes en Salamanca a nivel personal, tienen un nivel de japonés de comunicación suficiente para una vida cotidiana sin que presenten dificultad alguna. Más bien, tenían un alto nivel de capacidad lingüística en japonés. Tienen en familia un entorno que promueve el japonés, están bien acondicionados para su enseñanza programada, y también tienen un vínculo con los japoneses de su edad en Salamanca.

Por otro lado, para los niños participantes en estas actividades observamos que, por el hecho de acudir allí, obtuvieron experiencias valiosas y enriquecedoras, tales como obtener apoyo para continuar con el aprendizaje de la lengua japonesa aunque fuera con poca intensidad y frecuencia, o compartir ese tiempo y espacio de estas actividades. Igualmente podríamos encontrar significado en ellas por distinto tipo de vínculos con los padres a través de sus juegos y canciones de su época que trazan un linaje, pero no sólo con su propio padre sino también con los otros. Evidentemente se han ido ampliando más horizontalmente las relaciones con amigos de similares circunstancias. Asimismo, se ha creado un espacio donde se intercambian informaciones y opiniones, no a nivel individual sino al nivel de grupo, y ha surgido un sentimiento y conciencia de compañerismo distinto del individual sino más bien grupal tanto en padres como en niños.

Con la conciencia y el reconocimiento hacia el origen individual y la formación de compañerismo con los que comparte la circunstancia, seguramente tendría cada niño un sentimiento de vinculación con su origen positivo y reforzado. Esperamos que este hecho oriente hacia un futuro más rico cultural y personalmente. Si nos enfocamos en este punto, deberíamos tener un planteamiento más amplio y no limitado sólo a los japoneses, sino también incluyendo al público que tenga especial interés en Japón, para fomentar así la capacidad de vinculación entre España y Japón. Esta visión será el siguiente paso que proporcione las actividades de lengua japonesa heredada como patrimonio cultural en Salamanca.

REFERENCIAS

Adler, Jonathan M., Jennifer Lodi–Smith, Frederick L. Philippe, e Iliane Houle. 2016. "The Incremental Validity of Narrative Identity in Predicting Well–being: A Review of the Field and Recommendations for the Future." *Personality and Social Psychology Review* 20 (2): 142–175. https://doi.org/10.1177/1088868315585068.

Akiyama, Kō 秋山幸. 2018. "Kaigai nenshōsha nihongo kyōiku ni okeru oya no gengo kyōiku ishiki kenkyū no igi –nihongo shiyō kazoku no oya wo bunkateki jissen no sanyosha toshite toraenaosu–" 海外年少者日本語教育における親の言語教育意識研究の意義 ―日本語使用家族の親を文化的実践の参与者として捉え直す― [Importancia de los estudios acerca de la perspectiva de los padres sobre la educación del idioma en la educación del idioma japonés para niños en el extranjero: repensar a los padres de familias de habla japonesa como participantes con prácticas culturales]. *Waseda Nihongo Kyōikugaku* 早稲田日本語教育学: 141–160. http://hdl.handle.net/2065/00057564

Barrett, Stanley R. 2009. *Anthropology: A Student's Guide to Theory and Method.* 2ª edición. London: University of Toronto Press.

Conway, Martin A., y Christopher W. Pleydell–Pearce. 2000. "The Construction of Autobiographical Memories in the Self–memory System." *Psychological Review* 107 (2): 261–288. https://doi.org/10.1037//0033–295X.107.2.261

Fivush, Robyn. 2010. "Speaking Silence: The Social Construction of Voice and Silence in Cultural and Autobiographical Narratives." *Memory* 18 (2): 88–98.

Hammack, Phillip L. 2008. "Narrative and the Cultural Psychology of Identity." *Personality and Social Psychology Review* 12 (3): 222–247.

Hayashi, Reiko 林玲子, y Yoshimi Chitose 千年よしみ. 2016. "Zaigai nihonjin no jinkō dōkō" 在外日本人の人口動向 [Tendencias demográficas de los japoneses en el extranjero]. *Jinkō Genshōki ni Taiō shita Jinkō –Sekai no Dōkō Bunseki to Jisedai Shōrai Suikei Sisutemu ni*

Kansuru Sōgōteki Kenkyū 人口減少期に対応した人口 – 世界の動向分析と次世代将来推計システムに関する総合的研究: 105–121. https://researchmap.jp/reikohayashi/misc/23289581/attachment_file.pdf.

Instituto Nacional de Estadística. 2021. "Población del Padrón Continuo por Unidad Poblacional a 1 de Enero." Última modificación el 1 de enero de 2021. https://www.ine.es/nomen2/index.do?accion=busquedaRapida&subaccion=&numPag=0&ordenAnios=ASC&nombrePoblacion=salamanca&botonBusquedaRapida=Consultar+selecci%F3n.

Kataoka, Hiroko 片岡裕子, y Setsue Shibata 柴田節枝. 2011. "Kokusai kekkon no kodomotachi no nihongoryoku to katei gengo: fūsestu kara no dakkyaku to kanōsei ni mukete" 国際結婚の子どもたちの日本語力と家庭言語: 風 説からの脱却と可能性に向けて [Dominio del idioma japonés y uso del idioma del hogar entre los hijos de matrimonios internacionales: liberarse de rumores]. *Japanese as Heritage Language SIG e–journal* 4: 1–40. http://www.aatj.org/resources/sig/heritage/ejournal/vol4.pdf.

Kleinman, Arhur. 1988. *The Illness Narratives. Suffering, Healing and the Human Condition*. New York: Basic Books.

Kouritzin, Sandra G. 1999. *Face[t]s of First Language Loss*. New York: Routledge. https://doi.org/10.4324/9781410603340.

Ministerio de Asuntos Exteriores de Japón. 2020. "Kaigai zairyū hōjinsū chōsa tōkei" 海外在留邦人数調査統計（令和２年版）[Estadísticas sobre el número de residentes japoneses en el extranjero]. Última modificación el 1 de octubre de 2019. https://www.mofa.go.jp/mofaj/toko/tokei/hojin/index.html.

Ministerio de Educación, Cultura y Deporte, Instituto Cervantes. 2002. "Marco común europeo de referencia para las lenguas: aprendizaje, enseñanza, evaluación." Madrid: Anaya. http://cvc.cervantes.es/obref/marco/

Miyake, Kazuko 三宅 和子, Ikuo Kawakami 川上 郁雄, y Noriko Iwasaki 岩﨑 典子. 2015. "Fukusū gengo kankyō ni ikiru hitobito no 'nihongo shiyō, nihongo gakushū' no imi to aidentiti" 複数言語環境に生きる人々の「日本語使用、日本語学習」の意味とアイデンティティ [Significado e identidad del "uso de japonés y estudios de japonés" de las personas que viven en un entorno plurilingüe]. *Dai 18 Kai Yōroppa Nihongo Kyōiku Sinpojiumu Hōkoku, Happyō Ronbunshū* 第 18 回ヨーロッパ日本語教育シンポジウム報告・発表論文集: 120–137. https://eprints.soas.ac.uk/22755/1/Iwasaki_22755.pdf.

Nakajima, Kazuko 中島和子. 2013. "JHL no wakugumi to kadai: JSL/JFL to dō chigauka" JHL の枠組みと課題: JSL/JFL とどう違うか [Marco teórico y tareas de la lengua japonesa heredada: ¿cuál es la diferencia con la segunda lengua japonesa o japonés como lengua extranjera?]. プレ創刊号 [Edición preliminar]. *Mother Tongue, Heritage Language, and Bilingual Education (MHB) Research Association* 母語, 継承語, バイリンガル教育 研究: 1–15.

Nakajima, Kazuko 中島和子. 2016. "Bairingaru kyōiku no hōhō – 12 sai madeni oya to kyōshi ga dekirukoto" バイリンガル教育の方法 –12 歳までに親と教師ができること [Método de educación bilingüe: cosas que podrían hacer los padres y maestros con los niños hasta los 12 años]. Edición compela. Tokio, Japan: ALC.

Organización de las Naciones Unidas para la Educación, la Ciencia y la Cultura. 2014. "Patrimonio" *Indicadores UNESCO de cultura para el desarrollo. Manual metodológico*. Francia: UNESCO.

UNESCO. 1982. "Declaración de México sobre las políticas culturales" Conferencia mundial sobre las políticas culturales. México D.F., 26 de julio – 6 de agosto de 1982.

Valdés, Guadalupe. 2005. "Bilingualism, Heritage Language Learners, and SLA Research: Opportunities Lost or Seized?" *The Modern Language Journal* 89(3): 410–426. https://doi.org/10.1111/j.1540–4781.2005.00314.x.

Wiley, Terrence. G. 2014. "The Problem of Defining Heritage and Community Languages and Their Speakers: On the Utility and Limitations of Definitional Constructs." En *Handbook of heritage, community, and Native American languages in the United States*, editado por Terrence G. Wiley, Joy Kreeft Peyton, Donna Christian, Sarah Catherine K. Moore, y Na Liu, 33–40. New York, London: Routledge.

www.ingramcontent.com/pod-product-compliance
Lightning Source LLC
Chambersburg PA
CBHW040423110426
42814CB00008B/333